Sur la piste indienne

Histoires de travail missionnaire chez les Indiens Cris et Salteaux

Egerton Ryerson Jeune

Writat

Cette édition parue en 2023

ISBN : 9789359256573

Publié par
Writat
email : info@writat.com

Contenu

Préface.

Il ne s'agit pas d'un récit continu du travail missionnaire comme le sont certains livres de l'auteur. Il s'agit d'un recueil de chapitres distincts, dont certains sont écrits expressément pour ce volume, dont d'autres, ayant vu le jour en tout ou en partie sous une autre forme, sont maintenant, à la demande d'amis, et grâce à la courtoisie de les éditeurs, ici réunis.

Le travail missionnaire romantique parmi les Peaux-Rouges appartiendra bientôt au passé. La civilisation atteint ce peuple, et le cheval de fer se précipite et hurle là où la piste indienne était autrefois le seul chemin. Les vêtements pittoresques disparaissent rapidement, et les vêtements de magasin, souvent trop tôt transformés en haillons tout sauf pittoresques, ont privé l'Indien de l'intérêt qui lui était autrefois attaché.

Ces errances sur la piste qui disparaît rapidement parlent de réussites plutôt que d'échecs ; non pas parce qu'il y avait beaucoup de ces derniers, ainsi que de longues attentes après le temps des semailles pour la récolte, mais parce qu'il est bien plus agréable et utile de regarder le bon côté de la vie et de parler de victoire plutôt que de défaite.

Ainsi, dans l'espoir que ce livre sera utile et encourageant pour les amis et les partisans des missions, qui sont devenus un groupe si innombrable, et que Son nom puisse ainsi être glorifié, nous l'envoyons en route.

ERY *Toronto* .

Chapitre un.

Sur le sentier des Prairies.

Nous avons emprunté le sentier des Prairies à Saint-Paul en 1868.

Nous, c'est-à-dire ma jeune femme et moi, en compagnie de quelques autres missionnaires et enseignants, devions parcourir plusieurs centaines de milles sur cette route, afin de pouvoir atteindre les repaires wigwam des Indiens dans la partie nord des territoires de la Baie d'Hudson. à qui nous avions été désignés pour porter le glorieux Évangile du Fils de Dieu.

Nous devions poursuivre l'œuvre commencée par des hommes d'une foi sublime et d'un courage héroïque, et la pousser encore plus loin dans des régions plus reculées où jusqu'à présent la douce histoire de l'amour d'un Sauveur n'avait jamais été entendue. Nous avions suffisamment confiance en Dieu pour croire que si les commerçants de fourrures pouvaient parcourir ces sentiers et vivre dans ces régions isolées et isolées pour bénéficier des bénédictions de la civilisation et pour gagner de l'argent en faisant du commerce avec les Indiens, ils supporteraient les difficultés et Malgré les privations inhérentes à une telle vie, nous pourrions faire des sacrifices égaux pour l'amour du Christ, pour apporter la bonne nouvelle de son grand amour à ceux qui n'avaient jamais entendu cette merveilleuse histoire.

Après environ trois semaines de voyage, nous avions voyagé aussi loin que possible en bateau à vapeur et en train, et nous étions à l'extrême limite de ces splendides méthodes de locomotion civilisée. À partir de ce moment, il n'y avait plus rien devant nous que le sentier des Prairies. Elle s'étendait encore et encore sur des centaines de kilomètres, jusqu'au pays du vent du nord. Il y a de nombreuses années, sur son parcours sinueux et vallonné, les courageux pionniers du nouveau monde se sont aventurés ; et alors qu'ils avançaient courageusement, ils étaient remplis d'étonnement et de respect devant l'immensité des grandes et illimitées prairies.

Suivant de près leur trace, et parfois même eux-mêmes pionniers, venaient ces premiers prêtres héroïques disciples de Loyola, désireux et désireux de rencontrer et de se lier d'amitié avec les Indiens sauvages des plaines et des forêts, afin que parmi eux ils puissent planter la croix, et, selon leur croyance, par le simple rite du baptême, les introduisent au sein de l'Église Mère.

Au cours des années suivantes, une grande partie du romantisme du grand Sentier s'était dissipé. Le commerce et les échanges commerciaux, avec leurs activités multipliées, en avaient tellement pris possession que lorsque nous l'avons vu pour la première fois en 1868, les longs trains de charrettes bruyantes et grinçantes de la rivière Rouge et les grands chariots bâchés des immigrants aventureux étaient les spectacles les plus remarquables. ses étendues poussiéreuses. Parfois, on y voyait des bandes de guerriers indiens, emplumés et peints, se précipitant sur leurs fougueux chevaux, partant à l'aventure en maraude, ou plus probablement, à l'affût des vastes troupeaux de buffles qui pullulaient encore dans les régions plus à l'ouest. comme « le bétail sur mille collines ».

C'était un de ces jours parfaits du beau mois de juin où nous quittions la jeune ville florissante de Saint-Paul et où, avec nos chariots bâchés et quatorze chevaux de chasse, nous nous engageâmes véritablement sur la piste. En quittant la ville frontière, rompant ainsi le dernier lien qui nous liait à la civilisation, nous avons réalisé très clairement que nous entamions maintenant notre œuvre missionnaire.

Nous avons passé trente jours sur ce sentier des Prairies. Tous n'étaient pas de cette rare beauté des premiers. De violents orages nous ont assaillis à plusieurs reprises alors qu'il n'était pas toujours possible de se protéger des terribles averses de pluie. Une nuit, un véritable cyclone a détruit notre camp ; tentes et chariots au contenu varié allaient en course erratique devant sa puissance irrésistible.

Notre chemin était semé de dangers : il fallait traverser des ruisseaux sans ponts ; il fallait combattre les incendies de prairie, ou fuir sauvagement les sables mouvants perfides qui s'étendaient parfois de manière très attrayante de chaque côté du sentier à l'aspect misérable, incitant le voyageur imprudent à se fier à leur surface lisse et brillante. Mais malheur aux insensés qui ont quitté la piste pour les sables mouvants : à moins d'être rapidement secourus par la force unie de leurs amis, les chevaux et les voyageurs seraient bientôt engloutis ; le cri d'avertissement du guide était donc toujours : « Restez sur la piste ! »

Nous avons donc continué notre route, tantôt sous le soleil, tantôt sous la tempête. Chaque matin et soir, nous faisions nos prières en famille. Les sabbats étaient des jours de repos pour tous – des jours doux et précieux, où, au soleil sur les glorieuses prairies, nous, un petit groupe de missionnaires et d'enseignants – adorions Dieu : ils étaient comme les jours du Fils de l'homme sur terre.

Trente jours sur une telle piste ne pouvaient se passer sans d'étranges aventures, et nous en avons eu notre part avec les Blancs et les Indiens.

Un perroquet bavard de notre groupe a presque effrayé la vie de certains Indiens et métis français très curieux et superstitieux. Ils avaient arrêté un jour leurs chars à bœufs à l'endroit même où nous, venant en sens inverse, nous reposions pour l'heure du dîner. En entendant parler du merveilleux perroquet, ils se sont rassemblés pour la voir. Polly résista à leurs regards inquisiteurs pendant un moment, puis, apparemment quelque peu ennuyée, les ailes ébouriffées, s'élança aussi loin qu'elle le pouvait dans sa grande cage et cria :

"Qui es-tu?"

L'effet sur les Métis superstitieux et sur les Indiens fut à peu près comme si Sa Majesté satanique était soudainement apparue parmi eux. Ils se sont précipités et rien de ce que nous avons pu faire n'a pu inciter l'un d'entre eux à revoir l'oiseau.

Une autre aventure, des plus uniques et surprenantes, s'est produite au cours de ce voyage avant que nous ayons parcouru plusieurs jours sur la piste.

« Vous feriez mieux de garder un œil attentif sur vos magnifiques chevaux, sinon vous pourriez vous réveiller un beau matin et les retrouver disparus. »

C'était une nouvelle plutôt surprenante et qui provoqua beaucoup d'enthousiasme dans notre camp.

Les orateurs étaient des éclaireurs de l'armée américaine, qui effectuaient un voyage précipité depuis les sources du Missouri, où les troupes étaient allées pour apaiser des troubles indiens. Ils étaient maintenant en route pour Saint-Paul avec des dépêches pour Washington.

Chaque nuit de notre voyage, nous avions, dans le plus pur style occidental, entravé nos chevaux et les laissions errer et se nourrir des herbes luxuriantes. Cette entrave consiste simplement à attacher les pattes avant sans serrer ensemble avec des lanières de cuir souple, de sorte que l'animal en mouvement doit soulever les deux pattes avant à la fois. Ses déplacements étant donc nécessairement lents, il n'y a pas d'errance très loin du camp. N'ayant eu aucune crainte du danger, nous avions été très négligents, laissant tout sans surveillance.

Les terribles massacres des Sioux quelques années auparavant dans ces mêmes régions étaient désormais oubliés. Il est vrai qu'au cours de notre voyage, les ruines des fermes détruites et, dans de nombreux endroits, non encore reconstruites des colons, étaient des rappels frappants de ces terribles guerres de frontière, au cours desquelles plus de neuf cents Blancs ont perdu la vie. Les Indiens étaient cependant maintenant loin au nord et à l'ouest de nous, de sorte que nous n'avions aucune crainte tandis que nous avancions tranquillement. C'est pourquoi nous avons été quelque peu surpris lorsque ces éclaireurs aux vêtements pittoresques se sont arrêtés au milieu de nous et nous ont avertis d'avoir une garde sur nos chevaux ; nous racontant que la bande de voleurs de chevaux la plus notoire se trouvait dans les environs et qu'on disait qu'il y avait une fête avec de magnifiques chevaux dans la campagne des Prairies, et que sans doute, même maintenant, ils étaient à l'affût. nous sur certains des sentiers.

Après une courte halte pour un repas précipité, nos visiteurs bronzés et bien armés nous quittèrent. La dernière fois que nous les avons vus, c'était alors qu'ils galopaient vers le sud sur la piste.

Immédiatement, un conseil fut convoqué lorsqu'il fut décidé de se déplacer vers les environs de Clearwater, et d'y rester jusqu'à ce que tous les derniers préparatifs de notre long voyage soient terminés. Nos chevaux étaient lâchés et entravés pendant la journée, mais ils n'étaient pas autorisés à s'éloigner très loin du camp. Des yeux vigilants étaient toujours sur eux et scrutaient également les prairies à la recherche d'intrus suspects. Avant le coucher du soleil, ils furent tous rassemblés et solidement attachés dans une grande grange qui se dressait sur la prairie, seul bâtiment restant d'une grande ferme : tous les autres bâtiments, y compris la maison d'habitation, avaient été incendiés pendant les guerres indiennes. Aucun survivant ni parent n'était encore venu réclamer cet endroit désert, et ainsi les riches herbes des prairies avaient presque recouvert de leur verdure l'endroit où se trouvaient autrefois les bâtiments détruits ; et maintenant tout ce qui restait à raconter de la prospérité passée était cette vieille grange solitaire.

Les hommes de notre groupe étaient désignés pour surveiller la grange pendant la nuit et protéger les chevaux contre tout intrus. Deux personnes bien armées furent jugées suffisantes pour chacune des huit ou dix nuits que nous passâmes dans les environs. Une nuit, un jeune homme de notre groupe et moi avons été désignés pour surveiller. Il s'équipa de manière très complète de plusieurs variétés d'armes, résolu à se préparer à toute urgence. J'ai fait confiance à un fusil à chargement par la culasse à tir rapide.

Nous rassemblâmes les chevaux des prairies et les conduisions vers la grange lorsque nous rencontrâmes le chef de notre groupe, un homme d'une certaine maturité, dont la plupart des années avaient été passées parmi les Indiens et dans le Grand Ouest.

En nous regardant, qui devions garder les chevaux cette nuit-là, il dit avec un ricanement :

« Vous êtes des gardes queer ! J'ai quelques jeunes Indiens qui pourraient voler n'importe quel cheval dans cette foule ce soir, sous votre nez.

Piqué par les ricanements de cet homme, car ce n'était pas la première fois qu'il essayait de blesser, je répondis avec peut-être trop d'emphase :

"Monsieur... J'ai le meilleur cheval de la compagnie, et je vous le donnerai, si vous, ou n'importe quel Indien vivant, pouvez le voler hors de cette grange entre le coucher et le lever du soleil."

Mon camarade et moi avons soigneusement attaché nos chevaux sur un côté de la grange où ils pouvaient se tenir confortablement debout ou s'allonger sur du vieux foin des prairies pendant la nuit. Puis nous avons examiné la grange. À une extrémité se trouvaient les grandes portes doubles habituelles, suffisamment larges et hautes pour permettre l'entrée d'un chariot chargé de foin ou de gerbes de céréales. À l'autre bout se trouvait une petite porte que nous fermâmes solidement de l'intérieur. Nous avons ensuite soigneusement examiné le bâtiment à la recherche d'autres points d'entrée pour nous assurer qu'il n'y avait pas d'ouvertures suffisamment grandes pour que même un sauvage nu puisse s'y faufiler. Une fois pleinement satisfaits de notre enquête, nous rassemblâmes une quantité de foin séché et nous fîmes des sièges confortables, où nous pouvions, sans être vus, commander les grandes portes d'extrémité : dont l'une était fixée à l'intérieur avec un crochet et une agrafe, tandis que la d'autres n'avaient que le loquet en bois habituel.

Nous nous sommes déplacés et avons discuté de divers sujets pendant la longue et belle pénombre, et lorsque l'obscurité s'est installée sur nous, nous nous sommes installés confortablement dans nos positions assignées et, avec des manèges en main, nous étions en effet des sentinelles aux aguets. Alors que l'excitation de l'occasion s'est dissipée, mon jeune compagnon, encore adolescent, a commencé à se sentir extrêmement somnolent. Je lui ai dit de se blottir dans le foin et de s'endormir un moment, et s'il y avait la moindre apparence de danger, je le réveillerais instantanément. Très vite, il dormait tranquillement à mes pieds. Il m'avait généreusement demandé de le réveiller lorsqu'il aurait dormi une heure environ, me proposant alors de prendre ma place. En le remerciant, je lui dis : « Dormez un peu si vous le pouvez ; mais il n'y en a pas pour moi ce soir. » Je me souvenais trop bien de ces paroles provocatrices, et je n'aurais pas pu dormir si j'avais essayé.

Alors que les heures s'écoulaient lentement, je ne pouvais m'empêcher de penser aux étranges transitions de ces dernières semaines. À peine six semaines auparavant, j'étais pasteur d'une grande église dans une ville florissante. Ensuite, je vivais dans une belle maison avec tout le confort et les commodités de la civilisation autour de moi, où les policiers vigilants arpentaient leurs différentes rondes, tandis que nous nous reposions en paix et en sécurité sans aucune pensée de danger ; maintenant j'étais dans l'extrême Ouest, loin de la société et du confort d'autrefois, dans les plaines sans limites où les dangers se cachent et où les vagabonds sans foi ni loi abondent. Il n'y a pas longtemps, j'étais dans ma propre chaire, prêchant à de grandes congrégations ; maintenant, pendant les heures calmes de cette nuit, j'étais assis sur un fagot d'herbe séchée des prairies dans une vieille grange, défendant de nombreux chevaux contre les voleurs de chevaux. Ce sont d'étranges transformations. En vérité, la vie est une pièce de théâtre, et nous, les acteurs, ne savons pas vraiment quels rôles nous serons ensuite appelés à jouer.

Ainsi j'ai réfléchi; bébé, chut ! De quel bruit s'agit-il ? Il n'est sûrement pas possible qu'un voleur de chevaux rusé vienne si délibérément par cette belle nuit étoilée et tente de chercher une entrée par la porte principale. Aucun Indien furtif et habile dans le vol de chevaux ne commencerait ses opérations de cette manière.

Mais il y a quand même le son. Il s'agit évidemment d'une main palpant le loquet.

Des ordres stricts avaient été donnés au camp, interdisant à aucun membre de notre groupe de s'approcher de la grange après la tombée de la nuit. Il s'agissait donc d'un intrus qui devait être rapidement neutralisé avant de pouvoir dégainer et tirer.

Me levant d'un bond, je portai le fusil à mon épaule et attendis que la main de l'intrus ait trouvé le loquet. Puis la porte s'ouvrit et il resta là ; un homme très grand, clairement dessiné dans la nuit étoilée.

Ma première sombre résolution fut de tirer immédiatement. Puis vint la pensée : « C'est une chose terrible d'envoyer soudainement une âme dans l'éternité. Ce n'est peut-être pas un voleur de chevaux. Il s'agit peut-être d'un vagabond solitaire dans les prairies qui, voyant cette vieille grange, désire se mettre à l'abri des fortes rosées. Vous le couvrez de votre fusil ; même s'il s'agit d'un voleur de chevaux désespéré et déterminé à faire des bêtises, avant qu'il puisse dégainer ses armes, vous pouvez facilement le laisser tomber.

Ces pensées ont dû me traverser l'esprit très rapidement car l'homme n'était pas encore entré dans la grange lorsque j'ai décidé de mon plan d'action.

Alors, tout en le gardant couvert de mon fusil et la main sur la gâchette, je criai :

"Qui est là?"

« Ce n'est que Matthew. Vous devriez sûrement me connaître à ce moment-là.

Au lieu d'un ennemi, arriva en trébuchant dans l'obscurité, un de nos jeunes amis du camp : un maître d'école, sortant instruire les Indiens dans les plaines de la Saskatchewan.

En tâtonnant, il dit : « Il fait terriblement chaud et proche là-bas dans le camp, alors j'ai pensé que je préférerais venir passer le reste de la nuit avec vous dans la grange. »

Un imbécile ! il ne savait pas à quel point il avait failli perdre la vie à cause de cette violation directe des ordres.

Alors que je reconnaissais sa voix en réponse à mon défi et que je réalisais à quel point j'étais sur le point de tirer sur l'un des membres de notre groupe, une réaction rapide m'a saisi et, laissant tomber l'arme, je suis retombé en tremblant comme une feuille.

Après avoir longuement bavardé, il s'installa enfin dans le foin et s'endormit sans avoir la moindre idée du risque qu'il avait couru, ni du rôle que j'avais joué dans ce qui faillit être une tragédie.

J'ai continué ma garde jusqu'à ce que je sois relevé au lever du soleil, puis, avec mon camarade, j'ai remis tous les chevaux sains et saufs à ceux dont le devoir était de les surveiller pendant qu'ils se nourrissaient dans les prairies.

Il y a eu une dispute pendant un moment lorsque j'ai rapporté aux dirigeants de notre entreprise la visite de la grange. Le bon délinquant a fait l'objet de nombreuses réprimandes, qu'il a supportées avec une attitude sereine. Comme il mesurait six pieds six pouces et demi, aucune punition physique n'a été administrée ; il n'en était pas non plus nécessaire ; il a été si effrayé lorsqu'il a entendu comment il s'était tenu sous le couvert de mon fusil, le doigt sur la détente.

Chapitre deux.

Sur la piste indienne.

Nous appellerons les routes que j'ai parcourues sur mon grand champ de mission « sentiers indiens » ; mais le nom se révélait parfois incompétent, car souvent, sur des dizaines de kilomètres, il n'y avait pas le moindre vestige de piste ou de sentier. C'était parce qu'il y avait si peu de voyages en été qui auraient pu constituer un sentier bien défini, car pendant cette saison les Indiens préféraient profiter des splendides et nombreux lacs et rivières, ce qui leur permettait de voyager très facilement en canot dans presque toutes les directions.

Ainsi, lorsqu'il était obligé de parcourir les courts tronçons de ce qu'on appelle la « piste indienne », il n'est pas étonnant que le missionnaire s'égare parfois et doive être recherché et trouvé, au grand amusement de tous. les Indiens qui constituaient le groupe de chasse.

"Bon missionnaire, mais il a perdu la trace." Plus d'une fois, mon habile et expérimenté canotier indien, avec qui chaque été je parcourais des centaines de kilomètres dans des régions reculées, à la recherche des pauvres brebis du désert à qui prêcher le glorieux Évangile du Fils de Dieu m'a adressé cette interpellation. . Ces itinéraires d'été traversaient de nombreux lacs et montaient et descendaient des rivières tumultueuses pleines de rapides et de cataractes. En général, deux habiles canotiers indiens étaient mes compagnons, dont l'un s'appelait « le guide ».

Les Indiens que nous recherchions dérivaient naturellement de leurs terrains de chasse dans les forêts vers les rives des lacs et des rivières, à cause du poisson qui, pendant les mois d'été, pouvait être facilement obtenu et qui constituait alors leur nourriture principale. Le résultat fut que tandis qu'en hiver, avec nos traîneaux à chiens, nous pouvions aller n'importe où – le terrible roi des glaces gelait tout ce qui était solide, depuis les lacs et les rivières jusqu'aux grandes tourbières tremblantes – en été, nous étions confinés à ces voyages qui pouvaient être fait uniquement par le canot d'écorce de bouleau : l'Évangile qu'il a apporté à ces gens ne pourrait en aucun cas être réalisé. Après nous être habitués au canot et au train à chiens, nous nous sommes réjouis d'avoir été jugés dignes d'être les messagers de la bonne nouvelle auprès de ces laissés-pour-compte qui, ayant perdu foi en leur vieux paganisme, aspiraient à quelque chose de meilleur.

Un été, dans les premières années de ma vie missionnaire, alors que j'avais peu d'expérience dans les méthodes de voyage du Nord et que j'étais novice dans l'art de trouver mon chemin sur un sentier obscur, j'ai fait un voyage dont je me souviens très bien ; en partie à cause de la difficulté que j'avais à garder la trace lorsque j'étais seul et en partie à cause des dangers auxquels j'étais exposé lorsque je la perdais.

Mon canot en bouleau était bon. Il était spécialement conçu pour courir des rapides et était si léger qu'un seul homme pouvait facilement le porter sur sa tête en cas de besoin. J'avais pour compagnons deux canotiers indiens très compétents. L'un d'eux n'avait jamais emprunté cette route auparavant et l'autre, que par courtoisie nous appelions « notre guide », n'avait fait qu'une seule fois ce chemin, et cela, plusieurs années avant la date de ce voyage.

Tous les hommes valides de ma mission, à l'exception de ces deux-là, étaient partis servir la Compagnie de la Baie d'Hudson comme hommes de voyage, raison pour laquelle je n'ai pas pu trouver d'hommes plus familiers avec la longue route. Je devais soit prendre ces hommes et courir beaucoup de risques, soit attendre encore un an pour apporter l'Évangile à ces centaines de personnes qui ne l'avaient jamais entendu et qui m'avaient imploré de venir leur dire ce que le Grand Esprit avait dit. dit dans Son Livre. Alors, après beaucoup de prière, j'ai décidé, confiant en Dieu et en ces hommes, de faire le voyage.

Le pays que nous traversions était l'un des plus rudes et des plus sauvages de cette terre morne et désolée. Les cours d'eau étaient tellement remplis de rapides qu'il fallait constamment faire des portages. C'était un travail lent et laborieux. Notre façon de procéder était à peu près la suivante : dès que nous découvrions que le courant était trop rapide pour être sûr, ou que nous entendions de grosses chutes, nous descendions à terre et déchargeions rapidement notre canot ; William, le guide, le souleva facilement sur sa tête et partit, disparut bientôt dans la forêt, courant partout où cela était possible, et restant parallèle au courant déchaîné jusqu'à ce qu'il atteigne un endroit au-dessous duquel les eaux étaient de nouveau navigables ; Peter, mon autre Indien, fit aussi rapidement que possible un gros paquet de nos couvertures, bouilloires et fournitures, et avec cela sur le dos, soutenu par une sangle de transport autour de son front, suivit rapidement la trace tracée par William ; tandis que l'on m'avait confié le travail de porter les fusils, les munitions, les vêtements de rechange, les cadeaux et les Bibles pour les Indiens que nous comptions visiter. Bien que mon chargement ne fût pas aussi lourd que celui porté par mes vaillants canotiers, j'étais pourtant absolument incapable de les suivre sur la piste. Les Indiens ainsi chargés ne marchent jamais : ils semblent glisser d'un trot balancé qui les entraîne très rapidement sur le sol. Un homme blanc, peu habitué à ce rythme, est très vite laissé pour compte. C'était mon expérience. Tout ce que je pouvais faire, c'était marcher courageusement sous mon chargement divers, qui devenait constamment désorganisé, entraînant ainsi des retards.

Mais mon plus grand problème était de garder la trace. Il n'y avait absolument aucun chemin. Toute la piste a été tracée par mes deux Indiens, et les Indiens sont entraînés à laisser le moins de traces possible de leurs mouvements. J'étais donc souvent perdu. Au début du portage, j'assumerais courageusement mon fardeau et m'efforcerais de rester en vue de mes hommes. Cependant, cela m'a semblé totalement impossible. Un virage serré parmi les crêtes rocheuses, ou une plongée dans la forêt dense et sombre, et ils ont disparu de ma vision. Alors mes perplexités ont commencé. Si, comme cela arrivait parfois, le sentier était à travers de la boue, ou des roseaux et des joncs, je pouvais généralement les suivre ; mais, comme c'était le plus souvent le cas, le sentier traversait des crêtes rocheuses ou des forêts denses, parfois sur des kilomètres, et j'étais souvent complètement déconcerté et perdu.

Le problème au début était que, étant trop perplexe ou trop ignorant quant à la voie la plus sûre à suivre, j'accélérais le pas et me dépêchais... quelque part. Encore et encore, je trébuchais sous ma lourde charge encombrante jusqu'à ce que la sueur tombe comme une pluie de mon front et que mon dos me fasse mal. Plus d'une fois, en me précipitant ainsi, j'ai été surpris par quelque bête sauvage qui, avec un reniflement ou un grognement, s'est précipitée devant moi. Cela ne faisait qu'ajouter de la vitesse à mes pas, et effrayé maintenant, je me dépêchais, jusqu'à ce que, complètement épuisé et épuisé, je jette mes lourds fardeaux et m'affaisse sur le rocher ou le rondin le plus proche, épuisé. Peut-être, dans mon ignorance et ma perversité, m'étais-je égaré très loin, même dans une direction opposée à celle que j'aurais dû prendre.

Heureusement pour moi, j'avais de tels hommes pour camarades. Je connaissais leur valeur et leur loyauté, ainsi que leur capacité à me retrouver rapidement. Dès qu'ils auraient atteint la fin du portage en toute sécurité, ils seraient en alerte pour mon arrivée. Si je tardais au-delà de ce qu'ils estimaient être un temps suffisant, ils partaient sur la piste à ma recherche. Avec cet instinct infaillible que tant d'entre eux possèdent dans l'artisanat du bois, et qui m'a toujours semblé parfaitement merveilleux, ils ont vite découvert où j'avais erré depuis le sentier. A partir de ce moment, ils n'eurent plus la moindre difficulté à me suivre et à me retrouver. Sans aucune réprimande, mais avec peut-être un regard compatissant et une phrase calme qui ressemblait à « Bon missionnaire, mais il a perdu la trace », ils prenaient rapidement mes fardeaux et me guidaient en toute sécurité jusqu'à notre canot qui nous attendait. Tout ce que j'avais à emporter était peut-être le livre que j'avais avec moi, et dont la lecture me permettait de passer avec profit les heures qui s'écoulaient souvent avant que mes fidèles ne me trouvèrent.

Nous vivions de ce que nous pouvions tirer, car il était impossible de transporter du matériel supplémentaire dans un canot de bouleau. La chance du chasseur varie considérablement, même dans un pays de gibier, et nous avions au moins une variété dans notre menu. Les ours noirs étant encore nombreux dans ces régions sauvages, nous avions parfois des steaks d'ours grillés sur la braise, ou des côtes glissées sur un bâton et bien dorées devant le feu. Quand mes canotiers avaient le temps de préparer les pattes de l'ours et de les faire bouillir, c'était un véritable luxe. En fait, les trois grands luxes particulièrement prisés par les habitants de ce pays sont la queue du lourd, le nez de l'orignal et les pattes de l'ours. Il était rare qu'un cerf soit abattu lors de ces excursions en canot, à moins que ce ne soit dans les régions de l'extrême nord, où l'on en surprenait parfois en train de nager loin de la terre dans un grand lac. Quand quelqu'un était ainsi tué, il y avait bien sûr abondance de nourriture, mais si peu de nourriture pouvait être emportée avec nous, que la plus grande partie devait être laissée dévorée par les loups, les carcajous ou d'autres animaux sauvages. Cependant, en laissant toute cette viande sur la piste, les paroles du Psalmiste nous parviendraient :

« Il donne sa nourriture à la bête et aux jeunes corbeaux qui crient. » Peut-être était-ce seulement pour accomplir ses grands desseins que nous avons ainsi laissé toute cette nourriture à certaines de ses créatures à qui « il donne leur nourriture au temps convenable ».

Des canards sauvages, des oies et d'autres oiseaux aquatiques étaient parfois abattus, nous fournissant une nourriture des plus savoureuses, tout comme les castors, les chats sauvages et les rats musqués.

Nos nuits se passaient là où se terminait la journée. Dans presque tous les pays, les missionnaires peuvent généralement trouver une habitation humaine dans laquelle se procurer ou préparer leur nourriture et passer la nuit. Enfant, j'écoutais avec un intense intérêt mon père bien-aimé, qui avait été pendant de nombreuses années un missionnaire pionnier dans ce qu'on appelait alors les régions sauvages du Haut-Canada, raconter ses aventures. Ses difficultés et ses dangers avaient été nombreux, mais je me souviens qu'il avait l'habitude de dire qu'il pouvait généralement trouver la cabane en rondins confortable d'un colon sympathique pour passer la nuit. Le sentier dans les terres sauvages du Nord traverse des régions de pays qui s'étendent sur des milliers de kilomètres, où l'on ne trouve même pas de tipi en cuir ou de wigwam en écorce de bouleau, et encore moins de maison. Le résultat était que, lorsque nous faisions de tels voyages, nous devions faire la meilleure chose à faire, c'est-à-dire camper à l'endroit où la nuit nous surprenait. Bien sûr, nous recherchions un endroit aussi confortable que possible. Une roche de granit lisse et sèche pour notre lit et du bois sec pour faire nos feux, où nous cuisinions notre nourriture et séchions nos vêtements, ont toujours été considérés comme les conditions essentielles d'un camp confortable. Les journées chaudes alternaient avec des journées humides et fraîches, mais les nuits étaient généralement froides. Le feu de camp chaud et lumineux était toujours accueilli avec grand plaisir après une journée de voyage de soixante milles sur le sentier. Les souvenirs d'heures de repos heureuses ainsi passées, lorsque la bonne journée de travail honnête a été accomplie et le temps de repos bien mérité sont en effet agréables. Après le copieux repas du soir et les prières, c'était chacun un luxe de pouvoir se dégourdir les membres à l'étroit devant un magnifique feu de camp sur la rive rocheuse d'une grande rivière ou d'un lac pittoresque. Ensuite, la tentative de lire ne serait-ce qu'un auteur préféré n'a pas toujours été un grand succès. Il semblait plus agréable de simplement s'allonger là, de méditer et d'observer la fin du jour tandis que la luminosité s'estompait progressivement du ciel occidental et que les étoiles, à leur manière modeste, une par une, apparaissaient dans une vision consciente, jusqu'à ce que l'ensemble soit visible. les cieux étaient éclairés par leur rayonnement. Les seuls bruits étaient le rugissement de la cataracte lointaine, la musique du ruisseau qui coule, le ondulation des vagues à nos pieds, interrompu certaines nuits par le cri occasionnel d'un oiseau ou d'une bête sauvage, venant du milieu des arbres de la forêt environnante. Les hommes calmes, vêtus de manière pittoresque, dans leurs attitudes sculpturales, ajoutaient beaucoup à l'attrait des environs.

Puis, la nuit, les paroles du Psalmiste étaient très proches et appropriées du cœur : « Les cieux racontent la gloire de Dieu, et le firmament montre son œuvre » ; et : « Quand je considère ton ciel comme l'ouvrage de tes doigts, la lune et les étoiles que tu as ordonnées ; Qu'est-ce que l'homme pour que tu te souviennes de lui, et le fils de l'homme pour que tu le visites ?

Mais les nuits passées sur la piste indienne n'étaient pas toujours aussi délicieuses ni aussi propices aux sentiments élevés et célestes. Lorsque les vents cycloniques hurlaient autour de nous pendant les longues heures de la nuit, soufflant avec une telle fureur qu'ils exigeaient toute notre vigilance et toute notre force pour empêcher canoë, couvertures et ballots d'être emportés dans le lac ou la rivière, nos pensées n'étaient pas parmi les étoiles. . Parfois les nuages noirs d'orage s'amassaient et la pluie tombait sur nous à torrents, éteignant nos feux, peut-être avant que notre repas du soir ne soit cuit, nous inondant complètement, et durait parfois si longtemps que nous n'avions pas un point sec sur nous pendant des jours entiers. Dans de telles circonstances, en retirant quelques litres d'eau de nos vêtements ou des couvertures dans lesquelles nous avions dormi, nous n'avions aucune disposition à sentimentaliser le ondulation des vagues sur le rivage ou la cascade lointaine.

Ainsi, dans la tempête comme sous le soleil, il était nécessaire que le missionnaire et ses fidèles canotiers soient sur la piste, si l'on voulait que le Livre soit transporté et que ses glorieuses vérités soient proclamées à ces gens errants dans leurs maisons wigwam, dans des régions si reculées et si lointaines. inaccessibles qu'il était impossible de les atteindre autrement pendant les brefs mois d'été. Cependant, malgré les difficultés et les dangers, les résultats obtenus ont plus que compensé tous ces obstacles. Les souffrances physiques ne méritent pas d'être enregistrées là où un travail réussi a été accompli dans la conversion des âmes immortelles pour lesquelles le Sauveur est mort. Nombreux ont été les trophées remportés et merveilleuses les transformations opérées à la suite de ces voyages difficiles sur la piste indienne. Les missionnaires, dont un grand nombre travaille encore dur pour eux, se réjouissent d'être jugés dignes d'endurer une telle dureté et d'être « souvent en péril » pour sa gloire et pour le salut de ceux pour qui il est mort.

En ce qui concerne certains résultats durables obtenus par ces voyages aventureux, un ou deux incidents sont ici enregistrés.

Lors de ces longs voyages, le missionnaire emportait généralement avec lui un petit assortiment de médicaments. Il savait bien que bien des cœurs durs pouvaient être touchés et bien des préjugés surmontés, par la guérison d'un membre affligé de la famille, alors que tous les autres moyens pour les influencer positivement avaient pour le moment échoué.

Dans un village païen isolé vivait un homme qui avait catégoriquement refusé de devenir chrétien. Lorsqu'on lui avait demandé d'accepter le christianisme, il avait répété avec insistance l'expression la plus courante parmi eux : « Comme mes pères ont vécu et sont morts, moi aussi. »

Il vint un jour vers moi dans un état de grande perplexité, et après m'avoir parlé de plusieurs choses, il me mentionna la reconnaissance qu'il avait dans le cœur parce que j'avais guéri sa femme, qui était malade depuis longtemps. La façon dont il s'exprimait montrait cependant la grande ignorance dans laquelle il vivait. Ses paroles ressemblaient à celles-ci, et elles étaient prononcées avec la plus grande insistance :

« Missionnaire, ma femme était malade depuis longtemps. Je suis allé voir le guérisseur de mon peuple pour la guérir. Il a essayé et essayé, mais il n'a rien pu lui faire de bien. Puis je suis venu vers vous, et vos médicaments l'ont guérie, et elle s'est vite rétablie. Je crois donc que, comme votre médecine est plus forte que celle des guérisseurs de notre religion, votre religion doit être meilleure que la nôtre. Ma femme et moi en avons discuté et nous voulons nous asseoir à vos pieds et découvrir cette nouvelle façon de faire.

Bien sûr, il y avait beaucoup d'erreurs dans son esprit et j'ai dû m'expliquer littéralement et l'éclairer avant de pouvoir commencer à lui enseigner les vérités de l'Évangile. Cependant, j'avais gagné son cœur, et c'était la moitié de la bataille. Désormais prédisposés à la vérité, lui et sa femme l'acceptèrent avec plaisir. Ils sont devenus des chrétiens sincères et sérieux, et sont devenus tous deux une bénédiction et une bénédiction pour leur peuple.

Il y avait un grand chasseur qui avait un fils unique. Il avait plusieurs filles, mais elles n'étaient rien à ses yeux en comparaison de son petit garçon. Un jour, l'enfant tomba malade, et on fit venir en toute hâte le guérisseur de la tribu, un vieux prestidigitateur célèbre du nom de Tapastanum. Il avait une certaine connaissance des racines et des herbes, mais comme les autres prestidigitateurs de sa nation, il prétendait dépendre de ses incantations et de ses conjurations pour opérer ses guérisons. Avec beaucoup de cérémonie, il sortit son sac de médecine sacrée, ses amulettes, son hochet et son tambour. Puis, se présentant de la manière la plus hideuse possible, il commença ses incantations sauvages. Il hurlait et criait, il secouait son hochet et battait son tambour. Mais tout cela fut en vain. L'état de l'enfant s'est rapidement aggravé au fil des jours. Voyant qu'il n'y avait aucune amélioration, le père fut complètement alarmé et perdit toute confiance dans le pouvoir de Tapastanum. Craignant cependant de l'offenser, il lui fit présent de thé et de tabac, et lui dit qu'il n'avait pas à se donner la peine de revenir. Jusqu'à présent, il avait refusé d'écouter les enseignements du missionnaire. Il avait été bruyant et presque persécuteur dans son opposition à la prédication de l'Évangile parmi son peuple, et avait refusé de venir là où les Indiens amis se rassemblaient sous les arbres pour entendre la Parole lue et expliquée.

Cependant, à l'instar des Indiens, il avait été très observateur et il ne lui avait pas échappé que certaines guérisons avaient été obtenues grâce au visage pâle, ce qui avait été trop difficile pour les guérisseurs indigènes. Alors, quand il vit son petit garçon aller de plus en plus mal, malgré tous les cris et les pitreries du prestidigitateur, aussitôt qu'il l'eut renvoyé, il vint chercher le missionnaire, et sur un ton bien différent de celui qu'il avait dit . utilisé pour la première fois, l'a presque supplié de venir sauver son petit garçon.

«Je ferai de mon mieux», dit le missionnaire, reconnaissant d'avoir ainsi, peut-être, l'occasion de gagner son amitié et de le conduire à la croix.

Lorsqu'il examina le garçon, il découvrit qu'il s'agissait d'un cas grave d'inflammation. Il dit donc franchement au père que, comme la maladie durait depuis si longtemps, il était difficile de dire s'il serait capable de le guérir ou non, mais il le ferait. fera volontiers de son mieux. Le père indien le pressa de commencer immédiatement à faire tout ce qui était possible pour sauver son garçon ; disant qu'il serait si heureux si son enfant guérissait et qu'il ne blâmerait pas le missionnaire s'il mourait.

Des remèdes rapides furent appliqués, et avec la bénédiction de Dieu et des soins attentifs, l'enfant se rétablit, à la grande joie du père.

Peu de temps après, alors que le missionnaire rassemblait les gens pour un service religieux, il fut heureux de voir, appuyé contre un arbre lointain, le vieil Indien autrefois têtu dont le fils avait été guéri. Il était évident qu'il était impatient d'entendre ce que le missionnaire qui avait guéri son garçon avait à dire, et il était encore trop fier pour venir s'asseoir avec les Indiens amis, impatients de connaître le message que le Grand Esprit leur avait transmis. avait envoyé au peuple. Il a donc fait un compromis en se plaçant à la périphérie du public.

Heureusement, le missionnaire était doué d'une voix forte et claire, alors sans aucun effort apparent, il raconta l'histoire de l'amour de Dieu en Jésus-Christ sur un ton qui pouvait être distinctement entendu par tous, même par le chasseur lointain appuyé contre l'arbre.

Cet Indien écoutait très attentivement tout ce qui se disait, et il était si intéressé qu'au service suivant, il se tenait près d'un arbre considérablement plus près de l'orateur. Au service suivant, il était au milieu de l'audience, et quelques semaines plus tard, il était à la Croix, un heureux converti.

C'était intéressant et délicieux d'entendre ses excuses et ses réprimandes envers lui-même pour son opposition obstinée à ce qui lui plaisait tant maintenant. Il dirait entre autres :

«Mais missionnaire, tu sais que j'étais tellement stupide et têtu. J'étais alors aveugle et sourd ; mais maintenant j'ai ôté la poussière de mes yeux, ôté la mousse de mes oreilles, alors maintenant je vois clairement et j'entends bien. À l'époque, je ne pouvais que dire des choses dures contre le Livre que je pensais réservé aux hommes blancs, mais maintenant, j'ai découvert qu'il s'adresse à tout le monde et j'aime penser et parler des bonnes choses qu'il a apportées à nous."

Il y a de longs siècles, Isaïe a prophétisé :

« Alors les yeux des aveugles seront ouverts, et les oreilles des sourds seront ouvertes ;

« Alors le boiteux bondira comme un cerf, et la langue du muet chantera ;

« Car dans le désert jailliront des eaux et des ruisseaux dans le désert. »

Ici, dans ce pays sauvage du Nord, comme, Dieu merci, cela a été le cas dans de nombreux autres champs de mission, cette glorieuse prophétie s'est réalisée et est en train de s'accomplir littéralement. Les yeux longtemps aveuglés spirituellement sont maintenant ouverts pour contempler la lumière bénie, les oreilles sourdes ont été débouchées et entendent maintenant sa voix aimante, et les langues libérées par sa puissance font entendre sa louange dans le désert.

Chapitre trois.

Travaux pratiques dans les foyers indiens.

Depuis l'ouverture du cœur de l'Afrique, grâce au courage et au zèle indomptables d'hommes tels que Speke et Moffat, Baker et Livingstone, Stanley et Cameron, Bishop Taylor et d'autres, l'une des parties les moins connues de ce globe habitable est peut-être la partie nord du grand Dominion du Canada. La découverte de riches mines d'or dans le grand district du fleuve Yukon, dont la plus grande partie se trouve de loin en territoire canadien, attire l'attention sur cette partie de la partie nord-ouest jusqu'alors inconnue du grand Dominion, et conduira sans aucun doute à en faire une partie de la région. mieux connu.

Il est vrai qu'il existe de vastes régions de ce grand pays qui n'ont que peu de valeur pour les peuples civilisés en tant que foyer. Il existe pourtant des centaines de millions d'acres de terres aussi fertiles que n'importe quelle autre au monde, et des milliers de personnes s'y pressent chaque année et prennent possession de ce qui deviendra encore l'une des régions du monde les plus productrices de blé.

D'est en ouest, à travers le Dominion, circule le grand chemin de fer Canada Pacifique, le plus long du monde. Cette grande route a non seulement brisé le long silence du désert et ouvert la plus grande route vers l'Orient, mais elle a également déstabilisé les Indiens dans leur retraite dans les prairies et les forêts ; cela a non seulement amené le commerce dans leurs villages wigwam, mais aussi les missionnaires avec la Bible jusqu'à leurs portes.

Mais au nord de ces nouvelles provinces où se fait entendre le sifflement du cheval de fer, se trouvent de vastes régions aussi libres des incursions des pionniers aventureux que l'est le désert du Sahara. C'est un pays de lacs et de rivières magnifiques avec une richesse incalculable en poissons. Ses vastes forêts et marécages regorgent d'animaux à fourrure de grande valeur. Les ours et les loups, les rennes et les élans, et bien d'autres animaux que les Indiens aiment chasser, existent en grand nombre.

Les tribus indiennes de ces régions du nord vivent exclusivement de chasse et de pêche. Ils ne sont pas belliqueux, comme le sont les tribus des grandes prairies, mais, dans leur état païen, ils ont de nombreuses pratiques viles et abominables, qui montrent qu'ils sont tout aussi mauvais que ceux qui aiment la guerre et ont autant besoin de l'Évangile.

Des missionnaires de différentes confessions se sont rendus dans ces régions reculées, ont vécu au milieu de nombreuses privations et ont consacré leur vie à l'œuvre bénie de christianisation, puis de civilisation de ce peuple longtemps négligé. Ils n'ont pas travaillé en vain. Des milliers de personnes ont renoncé à leur paganisme et sont devenues de véritables chrétiens. La vie missionnaire dans un tel pays et parmi un tel peuple est, comme on peut l'imaginer, très différente de celle des autres pays.

Comme ces champs de mission se trouvent à des latitudes très élevées, l'hiver est très long et rigoureux. Par conséquent, les habitations, pour être confortables, doivent être construites avec beaucoup de chaleur. Il n'y a pas de calcaire dans cette terre, et par conséquent pas de chaux. La boue est utilisée comme mauvais substitut. Les maisons sont construites avec une charpente en bois équarri bien boisée et des fentes bien remplies de mousse et de boue. Lorsque celui-ci est complètement sec et rendu aussi étanche à l'air que possible, le bâtiment est recouvert de planches à clin et de planches rainurées et languettes. Des doubles fenêtres sont utilisées pour protéger du froid glacial. Lorsqu'elles sont bien construites et entretenues, certaines de ces maisons sont assez confortables ; très différent des demeures misérables et inconfortables dans lesquelles certains des premiers missionnaires se contentaient d'habiter.

Comme de grandes forêts sont omniprésentes dans ces régions, le bois est utilisé comme combustible à la place du charbon. Les grands poêles à caissons sont maintenus au chaud jour et nuit d'octobre à mai.

La nourriture utilisée par les missionnaires était la même que celle dont vivaient les Indiens. La farine était presque inconnue. Le poisson et le gibier assuraient la subsistance de presque tous. Il est vrai qu'il y a de nombreuses années, les grandes brigades de bateaux de la Saskatchewan sont arrivées à la maison de Norvège et à l'usine de York chargées de grandes quantités de pemmican et de viande de bison séchée ; mais depuis longtemps les grands troupeaux de buffles ont été exterminés, et le célèbre pemmican n'est plus qu'un souvenir du passé. La dernière fois que j'ai vu les quais du poste de la Compagnie de la Baie d'Hudson à Norway House remplis de sacs de pemmican, c'était en 1871. Ce pemmican était de la viande de bison pilée, mélangée au suif et conservée dans de grands sacs faits de peaux vertes de les animaux abattus, et c'était la nourriture qui, pendant quelques mois de chaque année, diversifiait notre alimentation en poisson. Il était sain et nourrissant pour les personnes ayant un bon appétit et des organes digestifs intacts ; mais pour ceux qui n'étaient pas « nés à la manière » ou qui n'y étaient pas habitués toute leur vie, il apparaissait, qu'il soit cuit ou cru, comme participant davantage de la nature de la graisse de savon que de quelque chose de plus invitant. Il est parti pour ne plus revenir : à la grande satisfaction des uns et au regret des autres.

Mes pêcheurs indiens et moi pêchions environ dix mille poissons blancs dans des filets maillants chaque mois d'octobre et de novembre. Nous les accrochions sur de grandes scènes où ils se figèrent comme des pierres. Nous en emballions quelques centaines dans la neige et la glace pour les utiliser au mois de mai suivant, lorsque ceux qui restaient sur les scènes commençaient à souffrir des effets de la chaleur printanière. Ces dix mille poissons étaient nécessaires à la famille du missionnaire et à ses chiens : les chiens fidèles, dont on exigeait tant, en vivaient tout le temps, tandis que la famille du missionnaire les avait sur la table vingt et une fois par semaine pendant six mois. .

Pendant l'hiver, nous avions certaines variétés de gibier que je tirais ou que les chasseurs indiens apportaient et échangeaient avec nous contre du thé, du sucre, du coton, des flanelles ou d'autres choses. Tout le commerce se faisait par troc, car il n'y avait pas d'argent à l'époque dans le pays. Au cours des mois de printemps et d'été, on se procurait occasionnellement une oie sauvage ou des canards, qui s'avéraient être des ajouts acceptables à notre menu.

Une ou deux fois pendant l'été, les bateaux de la Compagnie de la Baie d'Hudson, la grande société commerciale du pays, nous apportaient de la civilisation nos provisions annuelles. Il s'agissait de : quelques sacs de farine, un fût de traversin, un bidon d'huile de charbon, du thé, du sucre, du savon et des médicaments. Ils apportaient également un assortiment de vêtements simples, mais bons, et de marchandises sèches dont nous avions besoin dans notre propre maison, et avec lesquels nous payions également les Indiens que nous devions embaucher, comme pêcheurs, conducteurs de chiens, canotiers ou guides sur mes longs voyages à travers le grand champ de mission qui s'étendait sur plusieurs centaines de kilomètres carrés.

Nous étions si nombreux à cause de la maladie et de la terrible pauvreté du peuple, que souvent notre petit stock de farine était bientôt épuisé. D'autres produits de luxe suivirent rapidement, et c'est la maison de mission, comme dans les wigwams des indigènes, le principal aliment de base était le poisson, le poisson, le poisson.

Tant de personnes se sont demandé comment Mme Young et moi avions réussi à vivre si longtemps, à nous épanouir et à maintenir notre santé et notre moral, avec un régime presque exclusivement à base de poisson, que je vais donner ici le plan que nous avons suivi.

Nous étions en bonne santé, charmés et reconnaissants de notre travail. Nous avions tous les deux tellement de choses à faire et étions très occupés, soit dans notre confortable petite maison en rondins, soit dehors parmi les Indiens, que notre appétit était généralement très bon et nous étions prêts à prendre nos repas dès qu'ils étaient prêts. nous. Pourtant, après tout, la monotonie même du régime alimentaire immuable du poisson s'est parfois avérée trop pour nous. Nous serions peut-être assis à la table du petit-déjeuner, aucun de nous n'ayant d'appétit pour le poisson devant nous. Nous sirotions nos tasses de thé sans apparemment remarquer que le poisson n'avait pas été testé et discutons de nos projets pour la journée.

« Ma chérie, disais-je, qu'allez-vous faire aujourd'hui ?

«Je vais demander à Kennedy d'atteler mes chiens et de me conduire sur la rivière jusqu'à Playgreen Point pour voir comment se porte cette vieille femme malade et lui apporter la couverture chaude que je lui ai promise. Je m'arrêterai également pour voir comment vont ces bébés malades et comment les petits jumeaux de Nancy prospèrent. Dans l'après-midi, je veux me rendre au village de York et voir la femme malade d'Oosememou. Quel est votre programme de la journée ?

A la question de ma bonne épouse, ma réponse serait de cette façon :

"Eh bien, tout d'abord, comme on a appris que les loups visitaient notre cache à poissons, Martin Papanekis et moi avons organisé un voyage là-bas avec les chiens pour voir l'étendue des dégâts. Nous pouvons être retenus quelques heures, ce qui rend l'endroit si fort que s'ils y reviennent, ce qui est probable, ils ne pourront pas atteindre le poisson. Ensuite, nous passerons le reste de la journée dans ces environs, visitant et priant avec les voisins.

Après avoir pris notre thé, nous avons prié et avons commencé peu après à exécuter le programme de la journée.

Pendant plusieurs hivers, nous avons gardé, pour nos diverses tâches, un certain nombre de chiens. Mme Young et moi avions chacun nos trains de chiens préférés. Les Indiens étaient si dispersés et pour des raisons si diverses ils se tournaient vers nous et réclamaient notre attention, que nos vies étaient pleines, non seulement de sollicitude pour leur bien-être, mais nous étions, parfois pendant des jours ensemble, tenus en déplacement, « Je parcourais souvent de nombreux kilomètres chaque jour pour rendre visite aux malades et aux affligés et pour veiller aux intérêts de ceux qui avaient besoin de notre aide personnelle.

Ce jour-là où a eu lieu la conversation enregistrée ci-dessus, il était tard dans la nuit avant que notre travail ne soit terminé et nous nous sommes retrouvés dans notre petite salle à manger pour notre repas du soir. C'était vraiment le premier repas de la journée ; car nous avions un accord tacite que lorsque ces moments viendraient où nous ne pourrions pas vraiment profiter de notre régime à base de poisson, nous travaillerions résolument toute la journée sans goûter à la nourriture. Il en résulta que lorsque nous nous mettions à table, après avoir refusé le déjeuner du matin et ignoré celui de midi, nous constatâmes que notre appétit, même pour le poisson, était revenu, et que nous en jouissions beaucoup. Et qui plus est, l'appétit pour eux est resté avec nous pendant un certain temps par la suite.

La faim est toujours une bonne sauce ; et nous avons découvert — et d'autres ont fait la même découverte — que lorsque l'appétit diminue et qu'il y a une tendance à critiquer ou à critiquer la nourriture, ou même le cuisinier, une abstinence volontaire pendant deux ou trois repas sera la plus recommandée. bénéfique pour l'esprit et le corps, et ramène une appréciation très tranchée de certains des bons dons de Dieu qui avaient jusqu'ici été peu estimés.

Bien entendu, l'œuvre la plus grande et la plus marquante était la prédication de l'Évangile et l'enseignement au peuple à lire la Parole de Dieu. Nous consacrons un chapitre entier à ce dernier ouvrage et il n'est donc pas nécessaire d'y faire référence ici. Après peut-être les résultats directs obtenus par la prédication de la Parole, nous avons accompli le plus grand bien par le travail médical.

Les Indiens sont friands de médecine et croient aux fortes doses. Plus la dose est forte avec le poivre de Cayenne, ou plus elle est amère avec n'importe quel médicament puissant, plus elle est appréciée et plus ils ont confiance en son pouvoir de guérison. Divers furent les expédients de quelques-uns d'entre eux pour nous inciter à leur donner une bonne tasse de thé fort, doublement piquant avec du piment rouge. À leur avis, une telle dose était bonne pour presque toutes les maladies dont ils pouvaient être atteints, et était particulièrement appréciée pendant les jours froids et hivernaux, lorsque le mercure était fortement gelé et que le thermomètre à alcool indiquait quelque chose entre quarante et soixante degrés au-dessous de zéro. .

La sympathie pratique n'a jamais manqué d'atteindre certains cœurs et de les influencer à tel point qu'ils ont finalement été amenés au Christ.

Les gens étaient si pauvres que les possibilités de les aider étaient nombreuses. Considérés du point de vue de notre confort, ils avaient très peu de quoi se rendre heureux. Leurs possessions étaient en effet peu nombreuses. Possédant la terre en commun, aucun d'eux n'y possédait de richesse ; mais il n'y avait ni propriétaires ni loyers. Tous leurs autres biens étaient leurs wigwams, pièges, filets, fusils, canoës, chiens et vêtements. Ils vivaient au jour le jour, car ils n'avaient aucune possibilité de conserver des surplus de nourriture, même s'ils avaient la chance d'obtenir plus que ce dont ils avaient besoin pour leurs besoins immédiats. Si certains réussissaient à tuer un certain nombre de cerfs ou d'ours, ils ne faisaient que peu d'efforts pour essayer de sécher ou de conserver une partie de la viande pour une utilisation future. Très rarement, on faisait un petit pemmican de cerf avec un peu de venaison ; mais c'était un cas exceptionnel. Le plan général était de garder la maison ouverte après une chasse réussie, la marmite bouillant continuellement, tout le monde étant accueilli et invité à manger de bon cœur jusqu'à épuisement des stocks. Il était considéré comme un homme méchant qui, ayant la chance de tuer une grande quantité de gibier, ne le partageait pas avec tous ceux qui se présentaient. Cette hospitalité était souvent tellement méritée qu'il n'en restait que très peu pour le chasseur lui-même ou pour sa propre famille.

Ainsi, la vie des Indiens pendant de longues générations était une sorte de communisme. Aucun malheureux ne mourut de faim dans le village tant qu'il y avait un corégone ou un cuissot de venaison dans la communauté. C'était une fête ensemble quand l'abondance arrive ; mourir de faim ensemble quand il y en a assez. Au début, ils ne comprenaient pas pourquoi, alors que le missionnaire avait quelque chose dans sa maison de mission, il hésitait à le donner à quiconque disait avoir faim. Ce plan, consistant à envoyer une fois par an des fournitures au monde extérieur pour une année entière, était en effet un mystère pour eux. Ils ont pensé que c'était très agréable de voir autant de choses arriver par les bateaux de la compagnie ; mais une fois dans la maison, les Indiens païens pensaient qu'ils devaient être épuisés aussi vite que quiconque les demandait. La pratique consistant à rationner les fournitures pour une durée de douze mois était un style de procédure qui exposait plus d'une fois un missionnaire, qui y adhérait strictement, à passer pour méchant, avare et très hostile. Ils ont même mis en doute la véracité d'un missionnaire économe et prudent, qui a mis en œuvre ce système. Lorsqu'on lui a demandé d'aider des Indiens affamés, il a refusé sous prétexte qu'il n'avait plus rien, sachant que les réserves du mois en question étaient épuisées. Ils ont raisonné sur le fait qu'ils savaient qu'il avait stocké le reste de son approvisionnement annuel.

Une phase très intéressante de notre travail consistait à aider les familles indiennes, qui étaient passées d'un wigwam à une petite maison confortable, à découvrir les mystères de l'entretien ménager civilisé. Il est vrai que ces maisons n'étaient pas très grandes ni imposantes. Ils étaient généralement construits uniquement en rondins, bien entrelacés de mousse et de boue, et ne comprenaient qu'une seule pièce, avec la cheminée au fond ou sur le côté. Comme les gens le pouvaient, ils érigeèrent des cloisons et ajoutèrent diverses petites commodités. Au début, lorsqu'une famille emménageait dans l'une de ces maisons, certains de ses membres étaient très enclins à conserver leurs habitudes de wigwam. Comme ceux-ci étaient très peu dynamiques et bien en deçà de ce que nous considérions comme leurs possibilités de ménage méthodique et ordonné, quelques leçons pratiques durent être données. Comme ils étaient disposés à apprendre, divers plans et méthodes ont été adoptés pour les aider. Ce qui suit fut le plus réussi et peut-être dans l'ensemble, pour tous les intéressés, le plus intéressant. Lorsque nous savions que de nouvelles maisons avaient été érigées et prises en possession par des familles qui n'avaient connu d'autres habitations que leurs wigwams, j'annonçais en chaire le sabbat que pendant la semaine, dans le cadre de mes visites pastorales, Mme Young et je dînais chez Pugamagon le lundi, le mardi avec Oostasemou et le mercredi avec Oosememou. Ces annonces provoquèrent dans un premier temps une grande consternation parmi les familles mentionnées. Une fois les services terminés et que nous quittions l'église, nous étions abordés par les hommes dont j'avais mentionné les noms, généralement avec des mots comme ceux-ci :

" Pouvons-nous en croire nos oreilles aujourd'hui, quand nous avons cru vous entendre dire que vous et Ookemasquao (nom indien de Mme Young) veniez dîner avec nous ? "

« Certes, vos oreilles vont bien. C'est ce qu'ils ont entendu et c'est ce que nous envisageons de faire », serait notre réponse.

« Nous ne vous proposons que du poisson », répondaient-ils généralement avec un ton de regret.

« Eh bien, tout va bien. C'est ce que nous mangeons généralement à la maison », répondions-nous.

"Eh bien, mais nous n'avons pas encore de table, ni de chaises, ni de vaisselle dignes de vous", serait leur prochaine objection.

"C'est bon, nous arrivons."

Pendant ce temps, on voyait leurs femmes à moitié effrayées, debout derrière leurs maris, écoutant la conversation avec la plus grande attention.

Lorsqu'ils constataient que cette énumération du manque de variété de nourriture et de la pauvreté de leurs nouvelles maisons ne pouvait nous dissuader de notre détermination à dîner avec eux, presque en désespoir de cause, ils disaient :

« Eh bien, que devons-nous faire pour être prêts à vous recevoir ?

«C'est précisément la question que nous voulions que vous posiez», répondrais-je. «Maintenant, je vais vous dire ce qu'il y a dans nos cœurs. Préparez beaucoup de poisson et nous nous occuperons du reste du dîner. Mais il y a plusieurs autres choses qui nous préoccupent et auxquelles nous voulons que vous prêtiez attention : premièrement, nous voulons voir, lorsque nous vous rendrons visite, combien votre nouvelle maison sera propre et agréable ; ensuite, nous sommes également impatients de voir à quel point les membres de la famille seront propres et bien rangés ; nous souhaitons également voir à quel point toutes vos bouilloires, casseroles et assiettes seront brillantes et polies. Nous venons tous les deux chez vous comme je vous l'ai annoncé, alors soyez à l'affût et prêts à nous accueillir. Je crois que nous passerons tous un bon moment.

Un peu soulagés par cet entretien, ils repartaient vers leurs maisons.

Peu après le petit-déjeuner du lundi matin, Mme Young ferait amener son propre train de chiens et sa cariole à la porte, avec l'aide de mains volontaires, la carriole serait rapidement chargée pour la visite à la maison indienne annoncée pour la visite de ce jour.

Il n'est peut-être que juste de déclarer ici que nous n'avons jamais infligé ces visites à nos Indiens, sauf lorsque nous avions une abondance de provisions de quelque sorte ou autre dans la maison de mission, et que nous étions ainsi en mesure d'en emporter suffisamment avec le poisson fourni par la famille. , pour un repas copieux. Ainsi, dans sa carriole, Mme Young avait non seulement cette généreuse réserve de nourriture, avec beaucoup de thé et de sucre, mais aussi une grande nappe, de la vaisselle, des couteaux, des fourchettes, des cuillères et d'autres articles essentiels. Vers neuf heures, elle fut conduite à la maison où, avec une certaine appréhension, la future famille l'attendait. Ils avaient travaillé très tôt et jamais un sol fait de planches d'épicéa bien rabotées n'avait brillé plus blanc. Pendant des heures, il avait été nettoyé ; une quantité illimitée d'huile de coude, aidée par un peu de savon doux fait de lessive forte et de graisse de gros chien, avait fait le travail le plus complètement. Les visages des enfants montraient qu'ils avaient été soigneusement polis, tandis que toute la famille était vêtue de ses vêtements du dimanche. Chaque bouilloire et chaque marmite témoignaient de l'heure matinale à laquelle la famille s'était levée et avait commencé ses opérations.

Les instructions qui me furent données étaient que je ne devais paraître que vers midi et demi, et j'étais si intéressé que j'étais généralement à l'heure.

Ce fut un spectacle très gratifiant que je reçus et un accueil très cordial que je reçus. Chaque membre de la famille rayonnait tout simplement de bonheur et ma bonne épouse avait parfaitement attrapé la contagion du moment. Bien sûr, j'ai serré la main de tout le monde et j'ai embrassé le gros petit bébé dans son berceau pittoresque en sac de mousse. Ensuite, nous avons été rapidement informés de ce qui était très évident : le dîner était prêt. Il n'y avait ni chaise ni table dans la maison. La nappe blanche comme neige était étalée sur le sol presque également blanc comme neige, et dessus étaient placés dans l'ordre des assiettes, des tasses et des soucoupes, des couteaux et des fourchettes. Ensuite, le dîner, qui avait été cuit dans diverses casseroles et poêles, près de la grande cheminée, fut servi haut, ou plutôt bas, et aux places qui nous étaient assignées, nous nous asseyâmes à la manière des Indiens, par terre. Après que la bénédiction du ciel ait été demandée, la fête a commencé. Le menu n'était pas très élaboré. Les enfants gâtés du luxe, à l'appétit perdu, auraient pu s'en moquer, mais pour nous dans ce pays, et surtout pour cette heureuse famille indienne, c'était l'un des grands événements de leur vie. Le missionnaire et sa femme étaient heureux parce qu'ils voyaient ces pauvres gens si heureux.

Pendant peut-être trois heures, Mme Young avait été l'instructrice de cette patrie indienne pour ses filles, car sous sa direction elles préparaient ce dîner, et elles étaient très fières de leur professeur.

Le dîner fut déclaré un grand succès, et après qu'il fut terminé, et que tous eurent eu une abondance, la Bible en caractères syllabiques fut sortie et lue, quand tous s'agenouillèrent dévotement, le missionnaire avec un cœur joyeux fit une prière sincère. pour que la bénédiction du ciel demeure toujours sur cette maison.

Après les prières, je devais partir, tandis que Mme Young restait pour le reste de la journée. Lorsqu'elle revenait le soir à notre mission, fatiguée, mais très heureuse de sa journée de travail, elle me donnait un aperçu des activités de l'après-midi. Bien entendu, la première chose à faire était d'apprendre aux femmes à laver et à ranger la vaisselle avec soin et délicatesse ; puis la maison fut de nouveau balayée, lorsqu'ils furent prêts pour le travail de l'après-midi. Parfois, l'heureuse mère indienne était capable de sortir un joli morceau de tissu vestimentaire, qui lui paraissait désormais gentil. Son mari chrétien, lui en avait acheté en échange de ses précieuses fourrures. Cette pièce de robe devait être coupée et ajustée par Mme Young. Lorsqu'on lui demandait comment elle souhaitait le faire fabriquer, elle répondait généralement :

"S'il vous plaît, Ookemasquao, découpez-le pour qu'il ressemble à celui que vous portiez à l'église dimanche dernier."

Ainsi, autant que possible, la robe fut coupée et ajustée dans ce style, la couture commença et des instructions complètes furent données pour que la propriétaire puisse continuer à travailler, jusqu'à ce qu'elle devienne perplexe face à ses subtilités, lorsqu'elle viendrait au magasin. maison de mission pour obtenir de l'aide, et ainsi de suite jusqu'à ce que les travaux soient terminés.

En plus de cette aide à la couture, il y avait des leçons à donner sur le rapiéçage et le reprisage, ainsi que sur l'allongement ou l'ajout de robes aux jeunes filles indiennes à croissance rapide.

Ainsi, nous allions de maison en maison, et pendant de longues années après, les bons résultats de ces visites restaient ; ainsi, une noble ambition s'est réveillée dans la vie de ces femmes indiennes d'essayer de tenir la maison comme Ookemasquao ; et ainsi, ils s'efforçaient de faire voir à leurs maris et à leurs enfants qu'ils ne souhaitaient plus vivre selon la manière insouciante de l'ancienne vie païenne, mais que, comme maintenant ils étaient devenus chrétiens dans leur profession, de même dans leurs foyers, ils le feraient. ayez la propreté et la propreté qui devraient appartenir à ceux qui sont ainsi appelés.

Chapitre quatre.

Comment l'Évangile est transporté : en canoë en été ; en Dog-Train en hiver.

Ce grand pays du Nord est une terre d'innombrables lacs et rivières. Malheureusement, de nombreux cours d'eau regorgent de rapides et la navigation sur ceux-ci, telle qu'on l'entend généralement, est impossible. Aussi le seul moyen de s'y déplacer en été, c'est dans le canot léger de bouleau ou dans quelque autre embarcation si portative qu'on puisse la porter ou la traîner à travers les nombreux portages qui sont si nombreux dans ce pays de cataractes et de chutes.

Depuis des temps immémoriaux, le canoë en bouleau est considéré comme faisant partie de l'artisanat indien. Des siècles d'utilisation lui ont permis de le perfectionner à tel point que, bien que l'homme blanc ait tenté de l'améliorer, il n'a pas eu beaucoup de succès.

Un de nos missionnaires, qui était l'un des meilleurs canotiers du pays, était assez vaniteux pour imaginer que le beau canot de cèdre de l'homme blanc était supérieur à ceux en écorce de bouleau des indigènes. Il en était si certain qu'au prix de beaucoup d'efforts et de dépenses, il se fit envoyer l'un des meilleurs modèles depuis l'Ontario jusqu'à Norwegian House. Sur le magnifique lac Playgreen et dans d'autres endroits similaires, il l'a incroyablement apprécié ; mais lorsqu'il commença son voyage missionnaire, les Indiens, qui sont les meilleurs juges de ces choses, l'exhortèrent à ne pas tenter, sur ce bateau beau mais peu fiable, de courir les rapides sauvages du puissant Nelson ou d'autres grands fleuves. Mais lui ne faisait que rire de leurs craintes et de leurs protestations. Plusieurs d'entre eux entreprirent ensemble un long voyage missionnaire dont l'un des objectifs était de contribuer à la construction d'une nouvelle église. Pendant un certain temps, la construction du petit sanctuaire dans le désert s'est poursuivie sans interruption, au grand plaisir des Indiens chrétiens résidents, qui souhaitaient depuis longtemps avoir un endroit où adorer Dieu.

Assurer une nourriture suffisante aux constructeurs était l'une des tâches qui incombaient au missionnaire et qui lui causait une inquiétude considérable. Lorsque les provisions qui avaient été assurées furent presque épuisées et qu'il sembla que les travaux de construction allaient devoir cesser en raison du manque de nourriture, des chasseurs de passage apprirent qu'ils avaient vu une abondance d'esturgeons se divertir au pied de la rivière. quelques grands rapides du fleuve Nelson. Comme ils sont considérés comme un aliment délicieux et nourrissant, une expédition fut aussitôt préparée pour aller en capturer le plus grand nombre possible. Le missionnaire lui-même, homme énergique et actif, prit la direction de la fête et insista pour monter dans son beau canot de cèdre. Lorsqu'ils atteignirent la tête des rapides, au pied desquels les esturgeons auraient été vus en si grand nombre, il y eut un bref repos avant de tenter la descente . Les Indiens protestèrent tous contre la détermination du missionnaire à parcourir des rapides aussi sauvages dans un canot dont ils étaient certains qu'il était si inadapté à un voyage aussi dangereux. Le missionnaire, cependant, était têtu et insensible à leurs supplications. Lorsqu'ils virent que leurs paroles ne suffisaient pas à changer sa résolution, un vieux guide expérimenté dit :

"Eh bien, laissez l'un de nous vous accompagner, pour s'asseoir à l'arrière de votre bateau et vous aider à gouverner, et aussi, par notre poids, à maintenir la tête de votre canot haute pendant que nous parcourons les rapides."

Il refusa également cette offre aimable de risquer et de partager les dangers, affirmant qu'« il pouvait aller dans son canot d'homme blanc partout où un Indien pouvait aller dans une écorce de bouleau ». Leur objection à son canot était qu'il n'était pas construit assez haut à l'avant, et ainsi, lorsqu'il fit la dernière course sauvage dans les rapides où la pente des eaux était si raide, au lieu que le bateau s'élève comme un canard sur le des vagues folles au pied, il plongerait comme une bûche et disparaîtrait.

Cela aurait été bien pour le missionnaire volontaire s'il avait écouté les conseils de ces hommes expérimentés qui savaient de quoi ils parlaient. Il leur coupa cependant court en leur ordonnant de monter dans leurs canots et de continuer leur route, et il ne tarderait pas à le suivre. Avec regret, ils le laissèrent là, assis sur un rocher, les regardant tranquillement alors qu'ils commençaient ce voyage dangereux. Avec soin et habileté, les Indiens ont tous réussi à franchir avec succès ces dangereux rapides aussi sauvages et féroces que ceux du Saint-Laurent. Aussi vite que possible, ils débarquèrent au pied et, le cœur plein d'appréhension, se regroupèrent à un endroit d'où ils purent regarder le missionnaire courir.

Hélas! leurs craintes étaient trop fondées. En aval de la rivière tumultueuse et rugissante, ils virent arriver l'homme courageux mais téméraire. Avec une habileté consommée dans les rapides supérieurs, il a géré son métier magnifiquement poli ; mais lorsque le dernier plongeon sauvage au pied fut effectué, le canot et le missionnaire disparurent soudainement. Il fallut plusieurs jours avant que le pauvre corps putride soit retrouvé, loin en aval du grand fleuve.

Il y a une tombe solitaire sur la berge, et une petite pierre tombale dressée par des mains aimantes enregistre le nom de cet homme courageux mais téméraire.

Pour la fabrication d'une pirogue indienne de première classe, l'écorce de bouleau doit être extraite de l'arbre au bon moment de l'année et avec le plus grand soin. Le cadre doit être organisé avec une habileté et une précision qui ne résultent que d'une longue pratique. Le fait est que les constructeurs de canoës de premier ordre étaient à peu près aussi rares parmi les tribus que le sont les poètes de premier ordre dans la civilisation. De nombreux Indiens savaient fabriquer des canots ; mais il y avait quelques hommes dont la renommée pour leurs splendides métiers était largement connue et qui étaient toujours capables d'obtenir le prix le plus élevé pour tout ce qu'ils pouvaient fabriquer.

C'est vraiment merveilleux, compte tenu de la nature grincheuse d'un canoë, quels voyages peuvent être effectués à bord. Mon canoéiste expérimenté et moi avions l'habitude de courir des rapides sauvages et de traverser des lacs de grandes dimensions balayés par les tempêtes. Nous vivions du gibier que nous pouvions tirer en nous dépêchant, dormions sur les rochers ou sur la plage de sable là où la nuit nous surprenait, et étions toujours reconnaissants lorsque nous trouvions les petites compagnies d'Indiens que nous recherchions. Comme ils étaient généralement désireux d'entendre la vérité, ils perdaient peu de temps entre les services religieux. De longs sermons et discours étaient à l'ordre du jour ; et souvent, du petit matin jusqu'à tard dans la nuit, il n'y avait que de courtes pauses pour nos repas précipités de poisson ou de gibier.

Tandis que nous avancions d'un endroit à l'autre, nos repas étaient préparés et mangés en plein air, et pendant des jours nous ne rencontrâmes aucun être humain. Notre lit était sur des branches de baume, si possible ; sinon, un rocher de granit lisse ou une plage de sable feraient très bien l'affaire. Nous étions si en bonne santé, et le travail et ses environs étaient si agréables, qu'il n'y avait pas de nuits blanches, sauf lorsque parfois des myriades de moustiques nous assaillaient ou qu'un violent orage nous balayait. Ensuite, les nuits n'étaient pas si agréables et nous nous réjouissions de l'arrivée du jour, même si, à cause de la tempête, il révélait une situation humide dans nos approvisionnements.

Tel était le plan général de nos démarches : lorsque nous atteignîmes un des petits villages indiens à une époque qui avait été peut-être fixée six mois ou un an auparavant. Tous ceux qui pouvaient venir des terrains de pêche ou de chasse contigus étaient là pour me rencontrer ; puis, pendant plusieurs jours, des services auraient lieu, après quoi les Indiens retourneraient à leurs différents terrains de chasse, tandis que je remettrais mon canot à l'eau et, avec mes pagayeurs expérimentés, pousserais vers un autre point, où se rassemblerait une autre compagnie d'Indiens. j'attends mon arrivée et j'ai hâte d'entendre le glorieux Évangile du Fils de Dieu.

La Parole était très précieuse pour ces personnes si isolées. La venue du missionnaire dans son canot pour leur prêcher, et peut-être leur apprendre à lire par eux-mêmes le précieux Livre, fut l'une des rares pauses heureuses pendant les brefs mois d'été de leur vie solitaire et monotone. Ils attendaient toujours ma venue, et surtout ceux qui avaient renoncé à leur paganisme et accepté le christianisme m'accueillaient chaleureusement, même si cela s'exprimait à leur manière calme et digne.

La vivacité d'esprit de l'Indien et sa finesse d'ouïe, ainsi que de vue, étaient pour moi quelque chose de remarquable. Ce qui suit en est une bonne illustration. Un été, alors que je voyageais ainsi, j'étais à la recherche de quelques Indiens sympathiques dont le lieu de camping était déterminé chaque été par l'abondance de la nourriture. Soucieux de gagner le plus de temps possible, mes hommes et moi partions en canot à quatre heures du matin. Pour hâter notre marche, nous nous avancions vers le centre du grand fleuve que nous descendions, car là le courant était beaucoup plus rapide que près du rivage. À cette heure matinale, les brumes matinales étaient encore basses et denses de chaque côté, cachant complètement à la vue tous les objets sur le rivage. Tandis que nous avancions ainsi entre ces murs de brouillard, nous fûmes surpris par des tirs rapides de canons. Pour moi, c'était un mystère résolu, mais mes canotiers expérimentés l'ont immédiatement compris. Tournant rapidement la tête de notre canot dans la direction d'où venait la fatigue, ils pagayèrent à travers les vapeurs qui disparaissaient maintenant rapidement, et là, sur le rivage, nous aperçûmes une compagnie d'Indiens amis qui guettaient notre arrivée. Leurs oreilles avaient été plus utiles que leurs yeux ; car bien qu'ils n'aient pas pu nous voir, leurs oreilles exercées avaient capté le bruit de nos pagaies. Après nous avoir salués très cordialement, ils nous présentèrent des langues de renne fumées et d'autres friandises indigènes qu'ils avaient apportées au missionnaire. Des services religieux très suggestifs et lucratifs y étaient célébrés au bord de la rivière. Pour réconforter et encourager ceux qui étaient déjà devenus ses enfants, nous avons parlé de la bonté aimante et des soins providentiels de notre Père céleste. Nous avons également supplié ceux qui n'étaient pas encore décidés de renoncer au paganisme de leurs ancêtres de le faire rapidement et d'accepter la religion du Seigneur Jésus-Christ.

Ainsi le travail continua, et pendant de nombreux étés heureux, mon canot flotta pendant des jours sur de nombreuses eaux, tandis qu'en joyeux messager, je voyageais à travers le désert implorant les hommes et les femmes de se réconcilier avec Dieu.

On a tant écrit sur les voyages des chiens dans ce pays qu'il suffit d'en donner ici un bref compte rendu. L'hiver commence dans ces régions à la fin du mois d'octobre et se poursuit sans interruption perceptible jusqu'en avril. Mais les champs de glace des grands lacs sont si immenses qu'ils ne disparaissent tous qu'un mois ou six semaines plus tard. Un hiver, j'ai pu faire un assez long voyage avec mes trains à chiens et je suis arrivé à la maison le 18 mai seulement. Mais à cette date, la neige avait entièrement disparu et le gel était presque entièrement retiré du sol.

Le froid est intense, le thermomètre à alcool indique de trente à soixante au-dessous de zéro. Nous avons vu le mercure gelé aussi solide que le plomb pendant des semaines. Pendant des mois, le lait est congelé en gâteaux comme du marbre. Nous en transportions de gros morceaux enveloppés dans un journal, et quand, au feu de camp, nous en désirions un peu dans notre tasse de thé, nous le coupions avec une hache. Comme on peut le voir, nous avons eu environ sept mois d'hiver très froid. Pendant tout ce temps, il n'y eut pas de dégel, la neige ne fut jamais molle et il n'y eut aucune humidité dans l'air ni sous les pieds. Les mocassins doux en peau de cerf sont de loin supérieurs aux bottes ou chaussures civilisées dans de telles conditions.

Il n'y a pas de routes dans ce vaste pays. Le Roi des Glaces gèle tous les lacs et ruisseaux, et se durcit pour rendre inflexibles tous les fonds marins et les tourbières tremblantes. La neige recouvre tout de son grand manteau de beauté et permet de se déplacer en raquettes ou en train à chiens à travers de vastes régions absolument impraticables pendant les mois d'été. Les chevaux ou autres grands animaux ne valent absolument rien pour voyager dans de telles régions. La neige est un excellent niveleur. Il comble de nombreux pièges dangereux et met un tel coussin sur les rondins et les rochers que les bouleversements ou les chutes ne font que rire des chiens voyageurs pendant qu'ils se précipitent joyeusement. Les seuls inconvénients d'une chute sur une pente raide de quelques centaines de pieds, comme ce fut le cas autrefois de l'écrivain, étaient les rires de ses camarades et le retard dû au fait de le sortir de la congère au fond, qui était de vingt à vingt heures. trente pieds de profondeur. Ces accidents et retards n'étaient pas fréquents ; et, bien qu'il y ait eu des difficultés et des souffrances, il y avait beaucoup de choses à instruire et à intéresser, et à briser la monotonie du voyage hivernal dans ce pays solitaire.

Dans les jours les plus froids, les plus lumineux et les plus ensoleillés, le mirage intermittent jouait ses étranges pitreries avec des paysages lointains et, parfois, se rapprochait de lieux de vision rapprochée à plusieurs kilomètres de distance. Parfois, un cercle dans un cercle apparaissait autour du soleil, jusqu'à ce que jusqu'à quatre soient distinctement visibles ; chaque cercle contenait parfois quatre faux soleils ; seize faux soleils visibles en même temps était un spectacle qui valait la peine d'être vu sur une longue distance. Chose étrange, les Indiens redoutaient leur vue, car ils déclaraient qu'ils étaient toujours les précurseurs des tempêtes de blizzard ; et plus ces chiens solaires, comme ils les appelaient, étaient vifs, plus la tempête serait terrible.

Mais le plus fascinant et le plus glorieux de tous les phénomènes célestes de ces glorieuses régions sont les aurores boréales, les aurores boréales. Confinés à aucun mois particulier de l'année, nous les avons vus clignoter et frémir pendant les quelques heures des courtes nuits qui suivent les journées les plus chaudes de juillet ou d'août, ainsi que pendant les longues nuits froides des mois d'hiver. Ils s'attardaient parfois toute la nuit dans leur étrange beauté, jusqu'à se perdre dans la splendeur du jour suivant. Une description en a été souvent tentée par les écrivains de scènes du Nord, et je dois avouer que j'ai eu l'imprudence de l'essayer ailleurs ; mais toute leur gloire n'est pas encore écrite et le sera peut-être un jour. Ils semblent appartenir au spirituel plutôt qu'au terrestre ; et il y a des moments où ils éblouissent et bouleversent tellement, qu'il semble que seul le langage des esprits soit suffisant pour les décrire. Ensuite, ils sont tellement changeants. Je n'ai jamais vu deux grandes expositions semblables. Au début, ils sont du blanc le plus pur ; mais lorsque les scintillations commencent, elles prennent toutes les couleurs de l'arc-en-ciel. Parfois, ils apparaissent sous forme de grands arcs brillants, comme dans l'illustration. À d'autres moments, ce sont simplement des rubans d'ondulations ondulées qui semblent apaiser et charmer avec leurs mouvements rythmés et leurs teintes toujours changeantes. À d'autres moments encore, ce sont de puissantes armées de guerriers disciplinés qui partent en conflit. Puis, quand ils semblent fatigués de leurs actes de guerre, ils semblent rassembler toutes leurs forces ; et, remplissant assez les cieux du nord, se précipiter et monter jusqu'à atteindre le zénith même, où ils forment une couronne d'une splendeur si éblouissante, qu'il semble vraiment que la prière nostalgique du militant de l'Église s'accomplisse ; et ce triomphe universel était venu ici pour le Rédempteur du monde, et maintenant les armées angéliques et rachetées du ciel et de la terre présentent le diadème royal pour « le couronner Seigneur de tous ».

Les chiens que nous utilisons dans les trains canins sont généralement de n'importe quelle race qui possède en elle la taille, l'endurance et la sagacité. La race de chiens Esquimaux prédominait autrefois ; mais dans les années suivantes, il y a eu un tel mélange d'autres variétés, qu'un chien Esquimaux pur est maintenant rare, sauf dans certains des postes et missions les plus septentrionaux. Mon digne prédécesseur parmi les Cris m'a laissé une suite de métis assez bons pour transporter du bois et du poisson pour la mission ; et aussi pour les courts déplacements vers les endroits proches de chez moi où je tenais les offices hebdomadaires ; mais lorsque j'essayai d'effectuer de longs voyages de centaines de kilomètres vers les parties reculées de mon grand champ de mission, qui était plus grand que toute l'Angleterre ou l'État de New York, ce fut un échec lamentable. Voyager avec de tels chiens ressemblait à l'expérience de l'homme qui, autrefois, payait le tarif de première classe pour monter sur un paquebot sur le canal Érié, de New York à Buffalo, puis conduisait un cheval sur le chemin de halage tout le temps. le chemin. Ainsi, après m'être presque tué en voyageant avec des chiens faibles ou paresseux, obligés tout le temps de marcher ou de courir en raquettes à cause de leur incapacité à me tirer, j'ai résolu, si possible, d'en devenir propriétaire de meilleurs. J'ai fait appel à quelques bons amis de la civilisation pour m'aider, et le résultat a été que je reçus bientôt certains des meilleurs chiens que l'on pouvait obtenir. Parmi eux, Jack et Cuffy, les dons du sénateur Sanford de Hamilton, n'ont jamais été égalés. Grâce à la gentillesse de James Ferrier, écuyer, de Montréal, cinq magnifiques Saint-Bernard ont été obtenus de Mme Andrew Allan. Le Dr Mark d'Ottawa et d'autres amis se sont également souvenus de moi, avec pour résultat que j'ai bientôt eu certains des meilleurs trains de chiens du pays. Ces chiens civilisés avaient toutes les qualités des Esquimaux sans aucun de leurs tours de voleur. Ils se montrèrent égaux en endurance et en sagacité ; et la seule chose qui leur manquait était que leurs pieds semblaient plus facilement blessés et endoloris.

Les traîneaux à chiens mesurent dix pieds de long et dix-huit pouces de large. Ils sont utilisés pour transporter notre literie et nos provisions, car souvent, pendant les jours et les nuits ensemble, nous dépendons entièrement de nos charges pour nous nourrir et nous loger. Ces chargements divers sont bien emballés dans de grands emballages en peau de cerf et si solidement attachés aux traîneaux que, quels que soient les bouleversements, les chargements ne se désorganisent jamais. Mon propre traîneau, appelé « cariole », était l'un des traîneaux en chêne habituels, avec des côtés en parchemin et un dossier ferme. Parfois, ces carrioles étaient joliment peintes et constituaient des véhicules très confortables dans lesquels rouler. Bien enveloppé dans des robes de fourrure, avec beaucoup de viande grasse à manger, de magnifiques chiens pour vous attirer et des serviteurs indiens fidèles et aimants avec votre chien, voyager avec son chien n'était pas sans plaisirs et plaisirs ; surtout si le soleil était brillant, le trottoir glacé sous vos pieds exempt de neige soufflée et la température ne dépassant pas quarante degrés au-dessous de zéro. Il en était tout autrement lorsque les blizzards hurlaient autour de vous et que l'air était tellement rempli de fines particules coupantes de neige glacée qu'il était dangereux d'exposer n'importe quelle partie du visage à leurs attaques impitoyables. C'est alors que l'on vit la merveilleuse habileté du guide indien expérimenté, et nous fûmes conduits au milieu d'un environnement si misérable avec une précision et une rapidité qui semblaient presque incroyables.

Le camp, à la fin de la journée de voyage — surtout si des blizzards nous avaient assaillis — était un endroit bienvenu, même s'il ne s'agissait que d'une journée entière passée dans la neige, du côté abrité d'un bosquet dense d'épicéas ou de baumiers. Parfois, nous parvenions à trouver des endroits assez pittoresques pour camper. Lorsque le guide annonça la halte pour la nuit, la première chose à faire fut de dételer nos fidèles chiens. Nos raquettes furent improvisées en guise de pelles, et, de l'endroit choisi pour notre lieu de repos, la neige s'entassa rapidement en un grand talus derrière nous ; et, parfois, si la nuit menaçait d'être particulièrement rude, de chaque côté de nous.

Alors le grand feu de bois sec, où nous cuisinions nos dîners, décongelions le poisson pour nos chiens et réchauffions nos corps à moitié gelés, était le bienvenu. Une fois le dîner terminé et les prières, si douces et si profitables pour nous tous, terminées, comme il est délicieux de s'asseoir sur nos robes et de passer quelques heures dans une conversation agréable avant que mon lit ne soit fait et que je sois confortablement et complètement bordé par mes fidèles. camarades. Au début, il était difficile de dormir avec la tête complètement couverte ; il y avait un tel sentiment d'étouffement que je courais souvent le risque de geler plutôt que d'étouffer. Une nuit, peut-être à cause de cette sensation d'étouffement, j'ai inconsciemment découvert ma tête. Après un certain temps, je me suis réveillé soudainement et j'ai découvert que j'essayais d'arracher mon nez maintenant gelé, que je pensais être le bout d'un manche de hache.

Nous nourrissions nos chiens avec du poisson, en leur donnant un seul repas par jour, et celui-là, une fois la journée de travail terminée. Les nourrir le matin les rendait paresseux et stupides pendant un certain temps après ; et la même chose se produisait s'ils étaient nourris à midi. Une longue expérience a montré que les chiens s'épanouissent mieux et sont capables de faire le plus de travail avec un bon repas qui leur est donné avant leur longue nuit de repos. Les chaussures pour chiens, si essentielles à leur confort et à leur récupération lorsqu'un pied est gelé ou gravement blessé, sont très prisées par eux. Ces chaussures sont fabriquées à partir d'un tissu anglais chaud appelé duffle et ont la forme d'une grande mitaine sans pouce. Un vieux chien qui s'est autrefois habitué aux chaussures pour chiens en a toujours envie lors d'un long voyage dans le froid. Parfois, ils viennent et, de manière très comique, lèvent leurs pieds pour être chaussés. À d'autres moments, on les a vu entrer dans le camp, s'y coucher sur le dos et, levant leurs quatre pieds, plaider de la manière la plus ridicule et la plus importune pour obtenir ces chaudes chaussures de laine. Certains d'entre eux deviennent très rusés dans leur travail et évitent de faire leur part de travail ; et pourtant, pour éviter d'être découvert, il semblera faire plus de travail que n'importe quel autre chien du train.

Mais ce chien voyageait, au mieux, était un travail difficile ; et les chiens, ainsi que leur maître, étaient toujours heureux lorsque les longs voyages étaient terminés et qu'un repos bienvenu pouvait être pris pendant un petit moment, pour guérir les blessures et les morsures de gel et rassembler des forces pour le prochain voyage.

Le bien fut accompli, et ce fut la grande récompense de tous les risques courus et de toutes les souffrances endurées. Beaucoup pour qui le Christ est mort n'auraient jamais entendu l'Évangile ou vu le Livre jusqu'à l'heure actuelle, si le missionnaire ne le leur avait pas apporté en canot en été et en traîneau à chiens en hiver. Grâce à Dieu, beaucoup d'entre eux ont entendu et ont accepté avec joie le grand salut qui leur a ainsi apporté. Avec sa réception dans leurs cœurs et dans leurs vies, les transformations ont été merveilleuses. Là où la danse du diable, la danse des fantômes et d'autres abominations, exécutées avec l'accompagnement du hochet du prestidigitateur ou du tambour monotone de l'homme-médecine, prévalaient autrefois et maintenaient le peuple dans une superstition dégradante, la maison de prière est maintenant érigé, et le désert est devenu bruyant avec les doux chants de Sion. Des vies autrefois impures et pécheresses ont été transformées par la puissance de l'Évangile, et une civilisation réelle et respectueuse est venue pour bénir et ajouter à leur confort pour cette vie, tandis qu'ils demeurent dans une douce et bénie assurance de la vie éternelle dans le monde. venir.

Chapitre cinq.

Dieu sur le Rocher, ou comment on apprend aux Indiens à lire le Livre.

La Société biblique britannique et étrangère, la Société biblique américaine et d'autres institutions apparentées qui impriment et diffusent la Parole de Dieu ont été et sont d'un bénéfice incalculable pour les missionnaires.

Il y a longtemps, le Psalmiste disait : « L'entrée de tes paroles éclaire » ; et cette vérité se réalise de manière heureuse et glorieuse.

Peu importe où va un missionnaire, il se sent très gêné s'il n'a pas le Livre dans la langue du peuple. C'est une question de reconnaissance que, dans ces dernières années, grâce à ces glorieuses Sociétés bibliques, il n'y a pratiquement aucun pays ou nation où un missionnaire puisse se rendre sans qu'il ne trouve la Bible imprimée dans la ou les langues de cette nation, et offert aux gens à des tarifs si raisonnables que les plus pauvres parmi les pauvres peuvent l'avoir s'ils le souhaitent. Mais il n'en fut pas toujours ainsi, et nous n'avons pas besoin de remonter à Wickliffe ou à Tyndal pour lire des difficultés dans la manière de présenter aux gens ordinaires la Parole de Dieu dans leur propre langue. Toutes les grandes sociétés missionnaires de leurs débuts avaient leurs Carey, leurs Morrison et leurs Duff, qui luttaient et persévéraient contre des oppositions et des difficultés qui, pour le commun des mortels, auraient été insurmontables et les auraient remplis de désespoir.

Les difficultés que John Eliot dut surmonter avant de pouvoir donner la Bible aux Indiens de la Nouvelle-Angleterre furent nombreuses et exaspérantes ; mais sa volonté indomptable l'a mené jusqu'au succès ultime. Il est vraiment triste de penser qu'il ne reste plus un homme, une femme ou un enfant parmi eux pour lire sa Bible. Toutes les tribus pour lesquelles, au prix de tant de larmes et de difficultés, il a traduit le Livre, sont parties. L'avidité pour la terre et les cruautés des premiers colons étaient trop fortes pour les pauvres Indiens. Depuis ses différentes réserves où Eliot, Brainard, Mayhews et d'autres amis dévoués ont tenté de le sauver, il a été repoussé, en arrière, avec une telle destruction et une telle perte à chaque mouvement, qu'il a finalement été tout simplement anéanti. Ainsi, aujourd'hui, dans la bibliothèque de l'Université Harvard et dans un très petit nombre d'autres endroits, on trouve des exemplaires de la Bible d'Eliot ; des livres scellés, que personne ne peut lire ; une triste preuve de « l'inhumanité de l'homme envers l'homme ».

L'un des triomphes les plus marquants en donnant la Bible à un peuple dans sa propre langue, et imprimée d'une manière si simple qu'elle peut être très facilement acquise par lui, est celui de la traduction et de l'impression du Livre en caractères syllabiques. Ces caractères syllabiques ont été inventés par le révérend James Evans, l'un des premiers missionnaires méthodistes auprès des tribus indiennes dispersées dans ce qui était alors connu sous le nom de territoires de la baie d'Hudson. Depuis quelques années, M. Evans avait été employé comme missionnaire parmi les Indiens qui résidaient dans différentes réserves de la province de l'Ontario, alors connue sous le nom de Haut-Canada. À la demande de la Wesleyan Missionary Society mère et à la sollicitation de la Hudson Bay Fur-trading Company, M. Evans, accompagné de quelques frères missionnaires dévoués, se rendit dans ces régions éloignées du nord pour commencer des opérations missionnaires. M. Evans et certains de ses compagnons ont voyagé de Montréal jusqu'à Norwegian House, sur le fleuve Nelson, dans un canot d'écorce de bouleau. Un coup d'œil à la carte donnera une idée de la longueur et des difficultés d'un tel voyage à cette époque. Mais ils y parvinrent ; et c'est avec un cœur joyeux qu'ils commencèrent leur œuvre bénie d'évangélisation des indigènes.

Les méthodes missionnaires doivent nécessairement différer selon les pays. Pour réussir, le missionnaire doit être un homme capable de s'adapter à son environnement ; et il doit être prompt à voir où le succès peut être le plus facilement atteint. C'était un peuple de pêcheurs et de chasseurs, vivant à l'extrême nord des régions agricoles. En tant que chasseurs, ils étaient toujours en déplacement, de sorte qu'il était presque impossible de les garder assez longtemps au même endroit pour leur apprendre à lire de manière ordinaire. Sur ces difficultés, M. Evans a réfléchi et travaillé et, après de nombreuses expériences et échecs, a réussi à inventer et à perfectionner ce que l'on appelle les caractères syllabiques.

ALPHABET.

—

(a) SYLLABICS.

—

▽ ă	△ ĕ	▷ ŏ	◁ ä*
V pă	∧ pĕ	> pŏ	< pä
∪ tă	∩ tĕ	⊃ tŏ	⊂ tä
⌐ chă	⌐ chĕ	⌐ chŏ	⌐ chä
९ kă	ρ kĕ	⌐ kŏ	ь kä
⌐ nă	ơ nĕ	⌐ nŏ	⌐ nä
⌐ mă	⌐ mĕ	⌐ mŏ	⌐ mä
⌐ să	⌐ sĕ	⌐ sŏ	⌐ sä
⌐ yă	⌐ yĕ	⌐ yŏ	⌐ yä

*a, as in far.

Ces caractères très simples représentent chacun une syllabe, donc toutes les difficultés liées à l'apprentissage de l'orthographe sont supprimées. En poursuivant son travail, M. Evans a dû travailler dans de nombreux désavantages. Vivant dans un pays si éloigné de la civilisation, il n'avait que peu de matériel sur lequel expérimenter et peu de moyens pour l'aider. Il demanda aux marchands de fourrures quelques feuilles de plomb qui tapissent l'intérieur des coffres à thé. Il le fondit en morceaux appropriés, à partir desquels il sculpta son premier type. Pour le papier, il fut d'abord obligé d'utiliser de l'écorce de bouleau. Son encre était fabriquée à partir de la suie de sa cheminée et de l'huile d'esturgeon. Pourtant, grâce à ces appareils grossiers, il réussit à imprimer des parties des Écritures et quelques hymnes dans la langue des Indiens Cris. Lorsque l'histoire de sa merveilleuse invention parvint en Angleterre, de généreux amis vinrent à son secours. De certains de ses types, comme modèles, une offre généreuse a été coulée ; ceux-ci, accompagnés d'une bonne presse à imprimer manuelle et de toutes les fournitures nécessaires de papier, d'encre et d'autres produits essentiels, lui furent expédiés par la Compagnie de la Baie d'Hudson, à Norwegian House. Pendant des années, le travail d'impression de parties de la Parole de Dieu s'y poursuivit, jusqu'à ce qu'enfin la Société biblique britannique et étrangère reprenne le travail, et maintenant, toutes les Bibles dont les gens ont besoin leur sont très joyeusement fournies par ce très généreux et glorieux société.

L'amour des Indiens chrétiens pour leur Bible est très gratifiant. Leur confort et leur réconfort sont si grands dans leurs wigwams solitaires et leurs camps de chasse solitaires, que rien ne les incitera à le laisser en dehors de leur meute. Le sentier peut être difficile et le voyage peut durer plusieurs jours ; la nourriture peut devoir être transportée sur le dos pendant des jours entiers, de sorte que chaque kilo de poids doit être déterminé ; il faut affronter des jours de faim avant que le voyage ne se termine et que l'abondance du gibier ne soit atteinte, et pourtant le Grand Livre est toujours considéré comme le bien le plus précieux de tous leurs biens. Je n'ai jamais vu un Indien chrétien jeter sa Bible alors qu'en cas d'urgence il fallait alléger son fardeau. Leur travail de chasseurs leur donne beaucoup de temps libre, ce qui leur permet d'être des étudiants assidus du Livre. Lorsqu'au début de l'hiver, ils se rendent dans les terrains de chasse éloignés, le pavillon de chasse est érigé et les pièges, collets et autres appareils destinés à capturer le gibier sont tous disposés. Ensuite, surtout pour la capture de certaines espèces de gibier, ils doivent attendre quelques jours avant de visiter les pièges. Il s'agit de permettre à toutes les preuves de leur présence de disparaître, car certains des animaux à fourrure les plus précieux ont un merveilleux pouvoir de détection de la présence de l'homme et ne s'approcheront ni de ses pièges ni de sa piste avant un certain temps après que le chasseur. avait terminé son travail et pris sa retraite. Pendant ces longues attentes dans leurs wigwams ou pavillons de chasse, les Indiens n'ont pas grand-chose à quoi s'intéresser ; le résultat est que la Bible leur est parvenue comme une merveilleuse bénédiction. Ses incidents et ses histoires surprenantes deviennent plus prisées que les légendes et les mythes qui leur sont parvenus de leurs ancêtres, et ont été répétés maintes et maintes fois à leurs oreilles par les vieux conteurs de la tribu. Puis, lorsque la révélation de l'amour de Dieu dans le don de Son Fils leur a été proclamée et reçue par eux - et ici, dans ce Livre, ils peuvent la lire par eux-mêmes - ils sont remplis d'amour reconnaissant et adorateur, et le Livre est en effet le plus précieux.

Alors que je voyageais parmi ces gens merveilleux, je portais dans mon équipement un certain nombre de ces Bibles syllabiques, et aucun cadeau n'était plus acceptable pour ceux qui avaient récemment renoncé à leur paganisme et donné leur cœur à Dieu. D'une manière ou d'une autre, ils avaient acquis la connaissance des syllabes, de sorte que l'acquisition d'une Bible qu'ils pouvaient appeler la leur était un trésor des plus précieux et des plus utilisés. Parmi ceux qui, jusqu'à ma visite, n'avaient jamais vu de Bible ni entendu parler de missionnaire, il y avait des idées contradictoires concernant le Livre. Certains, au début, en avaient peur. C'était un « excellent remède » réservé à l'homme blanc. Un vieux prestidigitateur qui se vantait de ses pouvoirs surnaturels et des choses merveilleuses qu'il pouvait accomplir à l'aide de ses "médicaments", échouant de façon flagrante lorsque je le défiais de montrer son pouvoir, déclara que c'était à cause du Livre que j'avais avec moi . ma poche. Ensuite, j'ai permis à un Indien d'emporter le Livre à une certaine distance ; et quand il échouait encore, il protestait que c'était parce que j'en avais tellement dans la tête ou dans le cœur. Bien entendu, ce sentiment de peur à l'égard du Livre les a rapidement quittés à mesure qu'ils en ont pris connaissance. Lorsque le christianisme est accepté, naît un grand amour pour le précieux volume qui contient tant d'informations sur des choses dont ils sont si ignorants et qui révèle l'amour du Grand Esprit pour ses enfants indiens.

Les missionnaires employaient des moyens simples et primitifs pour enseigner les caractères syllabiques à ceux qui ne les connaissaient pas, mais qui étaient désireux d'apprendre. Parfois, avec un crayon à mine sur un morceau de carton ou d'écorce de bouleau, les personnages étaient dessinés et lentement et soigneusement revus, encore et encore, jusqu'à ce qu'ils soient complètement maîtrisés. Lorsque les crayons tombaient en panne, le bout d'un bâton brûlé ou un morceau de charbon issu du feu devait servir de substitut.

Notre illustration montrera l'une de mes méthodes utilisées à Burntwood River, tout en haut de la région du fleuve Nelson. J'ai eu l'honneur d'être le premier missionnaire à atteindre les Indiens de cette section et à leur prêcher l'Évangile. C'est une belle compagnie d'Indiens, et j'ai découvert qu'à l'exception de quelques vieux prestidigitateurs, guérisseurs et polygames, les gens étaient non seulement heureux de me voir, mais aussi désireux d'entendre et d'accepter l'Évangile de notre Seigneur Jésus-Christ. . Je leur rendais visite deux fois par an et commençais les travaux ; mais c'est à mon bien-aimé premier collègue, le révérend John Semmens, que fut confiée la tâche d'établir la mission. Lors de mes visites, qui comme d'habitude se faisaient avec mes chiens l'hiver et en canot l'été, je devais rassembler les Indiens pour les services religieux du mieux que je pouvais. La grande cuisine du poste de traite de la Compagnie de la Baie d'Hudson fut mise à ma disposition par l'officier responsable, toujours bien disposé à faire du bon travail. Ici, ainsi que dans les pauvres wigwams des indigènes, nous nous rencontrions, chantions, priions et leur expliquions le mieux possible le plan du salut, le grand amour de Dieu envers eux.

Durant le court et brillant été, le travail était beaucoup plus agréable. Ensuite, sous les beaux arbres, ou là où les gros rochers s'élevaient autour de nous et projetaient leurs ombres bienvenues, nous pouvions rassembler les gens et parler de notre Père céleste aimant ; non seulement de sa puissance créatrice, mais de son amour rédempteur dans le don de son Fils bien-aimé.

Dans mes expériences missionnaires, j'ai découvert que la majorité des hommes en ont assez du péché. Au fond du cœur humain, il y a un désir de quelque chose qui n'est vraiment satisfait que par l'acceptation du Seigneur Jésus-Christ. Il est vrai que ces sentiments intérieurs peuvent être longtemps cachés à la vision extérieure, ou qu'on s'efforce de satisfaire leurs désirs par l'exercice vigoureux de toutes les cérémonies religieuses qui leur ont été révélées dans leur environnement idolâtre ou païen ; mais lorsqu'on peut les inciter à s'exprimer et à décharger leur âme, leurs cris amers sont ceux de l'insatisfaction et de l'inquiétude. Heureux le missionnaire qui peut tellement gagner la confiance d'un peuple ainsi insatisfait, qu'il lui révèle les fardeaux et les désirs de son cœur. Sa victoire est à plus de moitié assurée. Christ dans sa plénitude, présenté avec amour à ceux-là et accepté par eux, devient bientôt dans leur cœur une portion satisfaisante.

Le missionnaire découvre toujours, parmi toutes les classes de peuples païens, que le Livre est toujours considéré comme un volume mystérieux et merveilleux. Ses merveilleux incidents attirent toujours. Ils ne se lassent pas des services où elle occupe une place de choix. Les sermons, même s'ils durent des heures, s'ils sont pleins de vérités, seront écoutés attentivement.

Un jour, dans l'un de ces lieux où je tenais des offices prolongés, je dis aux Indiens amicaux qui m'entouraient : « Ne voudriez-vous pas lire ce livre par vous-mêmes ? Un chœur de réponses affirmatives chaleureuses fut la réponse rapide. Il ne nous fallut pas longtemps pour organiser notre école, car c'était effectivement une affaire primitive. J'avais la chance d'avoir un bon nombre de Bibles syllabiques que, à grand-peine, nous avions emportées avec nous dans notre canot. Nous les avions transportés à travers de nombreux portages et les avions protégés des blessures lors de nombreuses tempêtes. Pas une seule personne dans ce public, à l'exception de mes bateliers, ne connaissait une lettre ou un caractère syllabique. Nous n'avions pas de livres primaires, considérés comme si essentiels à l'organisation d'une école qui doit commencer par les premiers principes ; nous n'avions même pas d'ardoise, de crayon, de papier ou de tableau noir. Cependant, « la nécessité est mère de l'invention », et c'était le cas ici.

A proximité se trouvait un énorme rocher qui s'élevait comme une maison, dont un côté était aussi lisse qu'un mur. Cela constituait un admirable substitut au tableau noir. Des bâtons brûlés provenant du feu de camp, où notre poisson et notre viande d'ours avaient été cuits, servaient de substitut à la craie. (Notre plus petite illustration montre trente-six caractères syllabiques avec leurs noms.)

Après quelques mots d'explications le travail de mémorisation des personnages commença.

A, E, Oo, Ah. C'était comme beaucoup de petits enfants dans une école primaire commençant par A, B, C. Encore et encore, nous les répétions l'un après l'autre, jusqu'à ce que mon public mixte se familiarise avec les sons. Nous les avons donc étudiés pendant des heures. Au début, l'intérêt pour ce travail fut très grand, et depuis les vieillards de quatre-vingts ans jusqu'aux garçons et aux filles de six ou huit ans, la meilleure attention fut portée. Ils semblaient rivaliser d'efforts pour voir lequel pourrait les maîtriser le plus rapidement.

Après un certain temps, l'intérêt a considérablement faibli, surtout parmi les hommes plus âgés, car pour eux, ces personnages à eux seuls étaient encore des sons insignifiants. Certains d'entre eux se levaient, allumaient leur pipe et, se déplaçant, partageaient leur temps entre la leçon et le fait de fumer. Bien sûr, je devais les laisser fumer. J'aurais peut-être trouvé difficile de les arrêter si j'avais été assez stupide pour essayer. Je leur racontai donc quelques histoires agréables, et pendant que nous travaillions dur pendant notre leçon, il ne fallut pas plusieurs heures avant que nombre de mes élèves indisciplinés aient une assez bonne idée des noms des personnages. Sachant que je pouvais éveiller l'intérêt des plus apathiques d'entre eux lorsque je commençais à combiner les personnages en mots, j'ai sollicité leur attention pendant que j'avançais dans mon travail.

J'ai marqué quelques mots simples tels que : ＜ ＜ (pa-pa,) ⌐ ⌐ (ma-ma,) ◁ Γ Γ (Oo-me-me,)—(anglais : pigeon.) Je leur ai montré comment ainsi combiner ces signes en mots. Cela les intéressait beaucoup ; mais le point culminant est venu, quand avec le bâton brûlé j'ai marqué ⌐ σ ⊃ (Maneto,—anglais : Dieu, ou le Grand Esprit.) Grande était en effet l'excitation parmi eux. Ils avaient du mal à en croire leurs propres yeux : devant eux se trouvait Maneto, le Grand Esprit. Celui qu'ils avaient entendu dans le tonnerre et la tempête, dont ils avaient vu la puissance dans l'éclair, dont ils avaient parlé avec révérence et crainte dans leurs wigwams et près de leurs feux de camp : « Maneto ! Ici, fabriqué par un bâton brûlé sur un rocher visible à leurs yeux, était ce nom : *Dieu sur le Rocher* ! Ce fut effectivement une révélation. Quelque chose qui les remplissait et les enthousiasmait, comme je n'ai jamais vu d'Indiens auparavant ou depuis ravis.

Pendant un certain temps, je ne pouvais que me taire, regarder et me réjouir pendant que je les étudiais. Certains d'entre eux, stupéfaits, doutaient de leurs propres sens. Ils ont agi comme s'ils n'en croyaient pas leurs propres yeux ; alors ils firent appel à ceux qui étaient les plus proches d'eux et dirent :

"Est-ce que c'est Maneto pour toi ?"

D'autres ont été aperçus en train de se frotter les yeux, comme s'ils craignaient que par quelque sorcellerie un mauvais médicament ne leur ait été injecté, et, selon leur phraséologie indienne, ils « voyaient double ».

Il n'y avait plus d'inattention. Chaque pipe s'éteignait et tous les yeux me suivaient, comme dans ces syllabes que j'ai écrites sur le rocher : Dieu est Amour. Après en avoir un peu parlé. J'ai alors écrit : Dieu t'aime. Nous avons suivi cela avec d'autres phrases courtes pleines de vérités bénies de l'Évangile. Ainsi se passèrent quelques heures de cette manière délicieuse, et avant qu'elles ne fussent terminées, nombre de mes élèves s'étaient familiarisés avec la formation des mots à partir de ces caractères.

Ensuite, nous avons ouvert notre paquet de Bibles et, les faisant circuler aussi loin que possible, je leur ai fait tourner le premier verset du premier chapitre de la Genèse . Après quelques explications de quelques signes supplémentaires qu'ils y virent sur la page imprimée, et qui donnent quelque variation au son du caractère syllabique auquel ils sont attachés, nous commençâmes l'étude du vers. Bien sûr, nos progrès ont été lents au début. Il ne pouvait en être autrement dans de telles circonstances. Mais nous avons patiemment persévéré, et il n'a pas fallu très longtemps avant qu'ils puissent lire dans leur propre langue : « Ma-wache Nistum Kaesamaneto Keoosetou Kesik Mesa Askee, (Au commencement, Dieu créa le ciel et la terre. »)

Lorsqu'ils eurent acquis la capacité de lire ce verset par eux-mêmes et eurent compris un peu sa signification, il y eut un autre accès de joie. Ce premier verset de la Genèse est très suggestif et plein de sens pour quiconque, aussi instruit soit-il, qui s'efforce de l'étudier. C'est en soi le premier chapitre de la révélation de Dieu à l'homme, et il a longtemps occupé l'attention et l'étude des plus pieux et des plus profonds. Ici, pour la première fois, il était lu par un groupe d'Indiens pauvres tout juste sortis du paganisme. Mais ils étaient vifs et vifs, et capables de saisir une nouvelle vérité ; et ainsi, lorsque le verset s'ouvrit pour la première fois devant eux avec sa signification merveilleuse, leur joie et leur étonnement furent grands.

« Maintenant, nous savons tout ! » certains d'entre eux ont crié. « Le Kaesa-Maneto (le grand Dieu) a créé toutes ces choses, le ciel et la terre. »

D'autres ont dit :

« Nos pères en parlaient dans leurs wigwams et se demandaient comment toutes ces choses étaient arrivées telles qu'elles sont ; mais ils durent avouer qu'ils étaient dans les ténèbres et qu'ils ne savaient rien. Mais maintenant, nous le savons ! Nous le savons!"

Encore et encore, ils lisaient le verset jusqu'à ce qu'ils l'aient soigneusement mémorisé. Et plus tard, lors de nombreux feux de camp et dans de nombreux pavillons de chasse, il fut répété à d'autres qui ne l'avaient pas entendu, mais qui, en l'entendant, étaient également remplis de satisfaction et de joie de la réponse qu'il donnait à ce qui avait été entendu. a longtemps été un sujet de perplexité et de crainte.

Jour après jour, avant ce rocher, l'étude d'autres versets a suivi. Lentement bien sûr au début, mais augmentant progressivement à mesure qu'ils se familiarisaient de plus en plus avec les syllabiques. Ainsi ces Indiens passionnés et intéressés étudiaient au milieu de ce milieu primitif et s'appliquaient avec un tel sérieux à leur travail que, bien qu'ils n'aient jamais été à l'école un seul jour de leur vie, certains d'entre eux furent capables, en dix jours ou deux semaines, de lire. avec aisance la Parole de Dieu dans leur propre langue. Pas étonnant que le grand Lord Dufferin, alors gouverneur général du Dominion du Canada, m'ait dit :

L'homme qui a inventé cet alphabet syllabique était l'un des grands bienfaiteurs de l'humanité et méritait plus richement une pension, un titre et un lieu de repos dans l'abbaye de Westminster que beaucoup de ceux qui y furent enterrés.

Pendant quelques années, dans plusieurs missions, les Indiens chrétiens n'apprenaient que la connaissance de ces caractères syllabiques et ne pouvaient donc lire que les livres qui étaient imprimés avec eux. Aujourd'hui, cependant, dans toutes les écoles, la langue anglaise est également enseignée et notre alphabet commun est d'usage général. Le résultat est qu'une grande partie de la jeune génération comprend, parle et lit en anglais. Des Bibles anglaises circulent parmi eux, et beaucoup de jeunes préfèrent déjà la Bible anglaise à la traduction indienne. Pourtant, toutes les personnes âgées ne comprennent que les caractères syllabiques ; et ainsi, pendant les années à venir, cette merveilleuse invention sera encore utilisée et continuera à être une bénédiction. Des livres de cantiques, des catéchismes, le Progrès du pèlerin et quelques autres livres à caractère religieux ont été imprimés en syllabes et sont très appréciés et bien utilisés par leurs lecteurs indiens.

Toutes les églises qui se consacrent au travail missionnaire dans ces vastes régions du nord ont profité de l'invention de M. Evans. Chez d'autres tribus que les Cris, où il existe des sons différents dans leur langue, quelques caractères supplémentaires ont été ajoutés. Même au Labrador et au Groenland, les dévoués missionnaires moraves qui travaillent là-bas utilisent avec succès les caractères syllabiques pour enseigner aux pauvres Esquimaux errants comment lire, dans leur propre langue grossière, la Parole de Dieu.

Chapitre six.

L'histoire de Sandy Harte.

Parmi toutes mes nominations, celle qui m'a peut-être procuré le plus grand plaisir et la plus grande satisfaction était celle de Nelson River. À Oxford House, nous avions un plus grand nombre d'Indiens convertis ; mais cette mission était organisée depuis longtemps, et des hommes pieux et sérieux, comme les révérends MM. Brooking et Stringfellow, y avaient consacré des années de labeur honnête et renoncement à eux-mêmes. Nelson River, en revanche, était un terrain nouveau et inédit, où j'ai eu le privilège et la joie d'aller en tant que premier missionnaire.

Parmi les nombreux grands convertis heureusement sauvés des ténèbres et du pouvoir du paganisme, il y a un beau personnage qui est maintenant le bras droit du missionnaire résident. Son nom est Sandy Harte. Mon introduction à lui a été particulière. La journée était d'une rare beauté et j'avais passé la matinée à enseigner à un certain nombre d'adultes et d'enfants indiens comment lire la Parole de Dieu imprimée en caractères syllabiques. Pendant l'heure de repos de midi, je suis entré dans le wigwam en écorce de bouleau d'un des principaux Indiens et j'ai été naturellement surpris d'observer un beau garçon indien étendu sur un lit de robes de lapin et de couvertures pendant que les autres garçons s'adonnaient à divers sports. En m'adressant à lui, je lui dis :

"Pourquoi es-tu allongé ici par cette belle journée?"

D'un mouvement brusque, il ôta brusquement la robe qui le recouvrait et, désignant sa cuisse brisée, il dit d'un ton plein d'amertume :

"Missionnaire, c'est la raison pour laquelle je suis ici, au lieu d'être au soleil avec les autres garçons."

Le ton désespéré, la parole emphatique, éveillèrent aussitôt ma sympathie et m'intéressèrent profondément à ce garçon blessé, si impuissant, ne sachant pas l'heure où, selon la coutume dominante, il pourrait être mis à mort. Le raisonnement sans cœur de ces Indiens dans de tels cas était le suivant : il sera toujours boiteux et impuissant ; pourquoi devrait-il être un fardeau pour ses amis ? tuons-le tout de suite ; ce sera mieux pour lui et pour eux. Cependant, ils avaient reporté l'assassinat de ce garçon parce qu'il était le fils du chef.

Après avoir examiné sa blessure et donné quelques indications sur son traitement, je m'assis à côté de lui et j'entendis de sa bouche la triste histoire du malheur qui l'avait paralysé à vie. Il semblerait que lui et un autre garçon étaient en train de chasser des perdrix et des lapins. Alors qu'il se déplaçait dans la forêt, Sandy marchant devant, le pistolet de son camarade explosa accidentellement et déversa son contenu dans sa jambe. L'os était gravement brisé et les muscles tellement coupés et déchirés qu'il n'y avait absolument aucune possibilité qu'il puisse à nouveau marcher dessus.

Après avoir eu une longue conversation avec lui, je lui ai demandé s'il aimerait pouvoir lire la Parole de Dieu. Ses yeux brillants brillaient de plaisir et sa réponse était si expressive d'un désir ardent que j'ai immédiatement commencé la première leçon. Assis à côté de lui par terre, j'ai dessiné les caractères syllabiques et j'ai passé environ une heure à les lui apprendre. Il avait une mémoire très rémanente et était extrêmement désireux d'apprendre le plus rapidement possible. Ainsi, chaque jour, quand j'avais fini de donner des leçons à la foule des jeunes et des vieux, je me précipitais vers le wigwam où il reposait pour lui donner un complément d'instruction ; et il était si profondément intéressé que je me sentais bien récompensé de ma peine.

Comme j'étais à des centaines de kilomètres de chez moi — après avoir parcouru ce long sentier avec quelques Indiens dans un canot de bouleau — et que j'avais un certain nombre d'autres endroits où je souhaitais m'arrêter et faire du travail missionnaire, j'ai été obligé d'apporter ma visite à cet endroit prend fin après quelques semaines. Mais avant de partir, j'ai eu une conversation informelle avec Murdo, Oowikapun et quelques autres Indiens amicaux.

« Quel dommage, m'écriai-je, que Sandy n'ait pas pu être éduquée ! Si seulement il pouvait être suffisamment instruit pour être votre professeur, quelle bonne chose ce serait ! Car, à côté d'un missionnaire vivant en permanence parmi vous, un enseignant pieux serait la meilleure chose que vous puissiez avoir. Il n'aura plus jamais l'usage complet de sa jambe et ne pourra donc pas devenir un grand chasseur ; mais s'il avait une éducation, il pourrait être une bénédiction pour vous tous !

Puis j'ai fait mes adieux à ces Indiens du Nord qui m'avaient si gentiment reçu, et avec quelques mots d'adieu, insistant particulièrement pour que le garçon blessé soit bien soigné, j'ai repris mon voyage aventureux.

Au cours de notre voyage d'un endroit à l'autre, nous avons vécu de nombreuses aventures étranges. Nous avons abattu un bel ours noir et, lors de notre premier repas après notre combat contre lui, nous avons pris plaisir à lui cueillir les côtes. Dans sa capture, j'étais très intéressé de voir comment l'expérience humaine était capable de surpasser l'instinct animal. Nous avons réussi à nous échapper de très peu dans des rapides sauvages et dangereux, où nous avons perdu une partie du contenu de notre canot et avons tous été presque noyés avant que nous ayons réussi à atteindre le rivage. Cette perte a été d'autant plus ressentie que dans un endroit aussi isolé, il est totalement impossible de réapprovisionner son magasin. Cependant, après plusieurs incidents de ce genre, nous avons réussi à réaliser notre programme ; et enfin je rentrai chez moi en toute sécurité.

Le long hiver, avec ses sept ou huit mois de froid glacial, s'installa peu de temps après. Pendant quelques semaines, j'ai été occupé par les affaires intérieures et les affaires de la mission locale. Mais aussitôt que les grands lacs et rivières furent bien gelés et qu'une chute de neige suffisante permit de commencer mes voyages d'hiver, j'attelai mes chiens et, avec mon guide et mes conducteurs de chiens, répondis, dans la mesure du possible. , aux nombreux appels à raconter l'Histoire du Grand Livre.

Cet hiver-là, les appels macédoniens venant d'autres endroits furent si nombreux que je ne fis pas un voyage à Nelson River. Je le regrettais énormément, car, bien que ce fût le plus éloigné, c'était l'un des plus prometteurs et des plus encourageants de tous les nouveaux domaines dans lesquels j'étais allé.

Vers le milieu de l'été suivant, alors que je profitais des splendeurs d'un magnifique coucher de soleil, j'ai vu un canot avec des Indiens à bord se diriger vers notre maison. Lorsqu'ils eurent débarqué, deux d'entre eux s'approchèrent aussitôt, me saluèrent très cordialement et, avant que je puisse pleinement leur répondre ou me rappeler où je les avais vus auparavant, s'exclamèrent :

"Nous nous souvenons de vos bonnes paroles et nous avons amené Sandy avec nous."

« Sandy avec toi ! Qui est Sandy ? J'ai demandé.

« Eh bien, Sandy Harte, vous vous souvenez de lui, le garçon qui a reçu une balle dans la jambe, celui avec qui vous alliez enseigner ; nous l'avons amené, car nous nous souvenons de vos paroles si douces à son sujet.

"Quels étaient mes mots?" » demandai-je, car je ne pouvais pas m'en souvenir à ce moment-là.

« Eh bien, vos mots étaient : Quel dommage que Sandy ne soit pas instruite ! S'il était instruit, il pourrait être une grande bénédiction pour vous tous. Nous ne l'avons pas oublié. Nous en avons souvent parlé. Ce que vous nous avez dit et enseigné dans le Grand Livre était si bon que nous avons faim de plus. Nous sommes prêts à apprendre. Vous ne pouvez pas venir tout le temps. Nous voulons qu'il y ait parmi nous quelqu'un qui sait quelque chose ; nous avons donc amené Sandy jusqu'au bout en canot pour que vous lui instruisiez ; et puis, revenir vers nous, afin que nous puissions en apprendre davantage sur lui.

Il n'y avait aucune erreur là-dessus. Il y avait Sandy au milieu du canot qui me regardait avec ces yeux noirs brillants qui m'avaient tant attiré dans ce wigwam au loin.

Je suis descendu au canot, j'ai parlé gentiment au garçon, je lui ai serré la main et j'ai invité tous les Indiens chez moi.

Après leur avoir présenté ma bonne épouse, je lui ai raconté l'histoire de Sandy ; et comment ils s'étaient souvenus de mes paroles d'il y a un an et l'avaient amené dans ce long voyage pour le confier à nos soins : absolument incapables eux-mêmes de faire quoi que ce soit pour son soutien, j'avoue que pour le moment, j'ai regretté d'avoir été ainsi prompt à prononcer des mots qui avaient été ainsi interprétés par ces Indiens et qui avaient confié à nos soins ce garçon indien sauvage et blessé.

C'était l'époque de la première rébellion de Riel au Manitoba, et bien que nous vivions loin au nord du lieu réel de la rébellion, nos approvisionnements avaient été si largement coupés que nous vivions avec de très maigres rations. Souvent, nous ne prenions en moyenne que deux repas par jour, et souvent, lorsque nous prenions notre petit-déjeuner, nous ne savions pas de quel quartier viendrait notre dîner. Et maintenant, alors que nous étions au bord de la famine, est arrivé cet ajout extraordinaire à notre famille, ce qui signifiait une autre bouche à nourrir et un autre corps à vêtir. Dans notre grande pauvreté, c'était bien là une épreuve de foi !

Après avoir discuté de la question avec ma courageuse épouse au grand cœur et demandé la direction divine, la noble femme dit :

« Le Seigneur est là, et Celui qui a envoyé la bouche à remplir enverra sûrement toutes nos exigences supplémentaires. »

Nous avons donc joyeusement accueilli Sandy chez nous et l'avons intégré à notre famille. Il était dans un état déplorable à plus d'un titre. Issu d'une bande d'Indiens sauvages qui ignoraient complètement la propreté et les habitudes et exigences des Blancs, ce pauvre garçon indien blessé avait beaucoup de choses à apprendre ; et au début, à cause de son ignorance et de ses préjugés, nous avons eu de nombreuses occasions de faire preuve de patience et de tolérance.

Comment Sandy a été conquise.

Comme presque tous les Indiens païens, Sandy avait des préjugés à l'égard des femmes, et il fut d'abord difficile de l'amener à prêter attention à ce que disait la femme du missionnaire. Il trouvait humiliant et dégradant d'obéir, ou même de prêter la moindre attention à la demande d'une femme. Pourtant, nous l'avons tous deux traité avec la plus grande gentillesse, et avons espéré et prié pour que le temps et la grâce de Dieu opèrent les changements nécessaires pour lui.

C'était un érudit brillant et il fit des progrès rapides dans ses études et, en quelques mois, il fut capable de lire dans sa propre langue. Pendant un certain temps, la nouveauté de son nouvel environnement l'a retenu intéressé et il semblait tout à fait chez lui. Il se fit de nombreux amis parmi nos Indiens chrétiens qui, après avoir appris la manière particulière dont il avait été livré entre nos mains, s'intéressèrent beaucoup à lui. Il allait à l'école du dimanche et assistait également aux différents services de l'église ; mais pendant longtemps, il sembla que c'était uniquement par pure curiosité vaine, ou parce que d'autres le faisaient.

Lorsque le premier long hiver après son arrivée fut terminé et que le printemps revint, Sandy eut le mal du pays et eut envie de retourner dans sa lointaine demeure de wigwam. La vue des eaux ondulantes et des ruisseaux courants était trop pour son esprit sauvage et indompté, et il s'irrita sous la discipline d'un foyer civilisé et devint abattu et misérable. Nous avons tous remarqué son agitation ; mais il lui parla gentiment et l'exhorta à s'appliquer à ses leçons, afin de pouvoir retourner plus tôt à sa vie libre et sauvage dans sa maison lointaine. Mais comme un Indien, plus nous lui en parlions, plus il semblait devenir pire, jusqu'à ce qu'il rende la situation très inconfortable pour nous tous.

Un jour, au lieu d'aller à l'école, il clopinait avec ses béquilles jusqu'à un point de terre pittoresque qui s'avançait au loin dans le lac. Le soir, l'enseignant est venu à la maison de la mission et a demandé pourquoi Sandy n'était pas à l'école ce jour-là. Bien sûr, c'était une nouveauté pour nous. Nous fûmes aussitôt très alarmés et nous nous mimes immédiatement à la recherche de l'absent. Après environ une heure de recherche, à laquelle un certain nombre d'Indiens ont pris part, Sandy a été retrouvé recroquevillé parmi les rochers sur la pointe, pleurant amèrement après sa maison de Nelson River.

Ayant épuisé tous mes pouvoirs de persuasion, j'ai compris que je devais changer ma manière de traiter avec lui. Alors, paraissant très indigné, je ramassai un gros bâton et, me précipitant sur lui, je lui ordonnai sévèrement de se lever et de rentrer chez nous au plus vite. Avec un regard effrayé sur mon visage pour voir ce que je voulais dire, il s'est levé et s'est précipité vers la maison de la mission. Je lui ai fait une sévère réprimande, lui demandant, entre autres choses, s'il pensait qu'une telle conduite de sa part était une juste récompense. pour toute notre gentillesse envers lui. Alors je lui dis sèchement :

"Montez dans votre chambre et descendez tous vos vêtements et mocassins déchirés et souillés."

Il obéit d'un air triste et revint bientôt avec son paquet. Après avoir parcouru le terrain, je les lui ai retirés ; et, appelant une femme indienne, lui donna du savon et du matériel de couture, et lui dit de prendre toutes ces choses, de les laver et de les raccommoder soigneusement, de me les rapporter, et je lui paierais pour sa peine. Lorsqu'il vit ses vêtements disparaître, il fut dans une grande perplexité et une grande détresse car il n'était pas du tout sûr qu'ils lui seraient rendus. Le fait est qu'il avait beaucoup de vanité à cette époque, et j'ai découvert qu'il était devenu très fier des vêtements que nous lui avions donnés à la place des misérables dans lesquels il nous avait été amené. Ainsi, la menace de perdre tout ce qu'il possédait, à l'exception de ce qu'il portait, était pour lui une terrible calamité. Je l'ai laissé pleurer pendant quelques heures, ne lui disant que peu de choses, résolu à mettre un terme à ses absurdités qui ne faisaient que nuire à lui-même et aux autres. misérable.

Quand le paquet de vêtements propres revint, j'y ajoutai des pantalons neufs, des chemises, des mocassins, un mouchoir brillant et un chapeau ; puis, de la manière la plus gentille possible, avec des paroles affectueuses. Je lui ai donné tout le paquet. Pauvre garçon! il était déconcerté et étonné. Il ne pouvait pas exprimer ses remerciements ; mais ses yeux brillants et voilés de larmes nous disaient qu'il était guéri et conquis. Il n'a jamais fallu répéter la sévère leçon.

Mais il était très perplexe. C'était un traitement tellement différent de celui auquel il était habitué. Cette combinaison de sévérité et de gentillesse était pour lui un tel mystère qu'il ne pouvait évidemment pas s'empêcher d'y penser et de s'interroger. Alors, un jour qu'il n'avait rien à faire, il alla s'entretenir à ce sujet avec un des Indiens qui était un chrétien sensé et un de ses grands amis.

«Je n'arrive pas à distinguer notre missionnaire», a déclaré Sandy. « Lorsqu'il m'a poursuivi au point où je m'étais caché, il a semblé très en colère et a pris un gros bâton comme pour me frapper. En effet, il m'a presque fait peur même s'il ne m'a pas frappé une seule fois. Puis, après m'avoir ordonné de rentrer si précipitamment à la maison, il me fit sortir tous mes vêtements et les donna à une femme pour qu'elle les emporte. Bien sûr, je ne m'attendais pas à les revoir : mais c'est ce que j'ai fait : ils sont revenus propres et réparés, et il leur en a ajouté bien d'autres. Je ne peux pas le comprendre. Le missionnaire a d'abord eu l'air de me battre, puis il s'est retourné et m'a donné toutes ces bonnes choses.

De l'Indien chrétien chez qui Sandy était allée, nous avons ensuite tout appris de cette entrevue. Il dit qu'il avait laissé le garçon lui parler de ses perplexités, puis lui avait fait un long discours fidèle. Voici l'essentiel de sa réponse à Sandy.

« Le missionnaire et sa gentille épouse sont venus ici pour nous faire du bien. Ils ont laissé leurs amis au loin. Ils ont mis plusieurs jours à voyager vers ce pays et ont enduré de nombreuses épreuves. Lorsque vos amis vous ont amené ici, ils vous ont accueilli chez eux et vous ont traité, non pas comme un serviteur, mais comme un membre de leur propre famille. Il n'y a pas un Indien dans le village qui serait heureux de changer de place avec vous et d'être traité comme vous l'avez été. S'ils ont de la nourriture, ils la partagent à parts égales avec vous. Vous avez reçu des médicaments et des bandages pour votre jambe douloureuse. Vous êtes bien habillé. Ils ont été comme des parents pour vous. Pourtant, vous n'avez pas été reconnaissant. Vous avez agi de manière très stupide. Vous vous êtes enfui de l'école et vous vous êtes caché. Vous avez alarmé leurs cœurs par la crainte qu'un grave accident ne vous arrive. Le pire, c'est que vous n'obéissez pas à Ookemasquao (la femme du missionnaire) comme vous le devriez. Les femmes blanches doivent être autant obéies et respectées que les hommes. Pourtant, malgré toute votre folie et votre entêtement, ils ont été très patients avec vous. Ils espéraient toujours qu'en vieillissant, on deviendrait plus sage ; mais votre état s'est tellement aggravé ces derniers temps que le missionnaire a dû se montrer sévère envers vous. Mais lui, il avait pitié de vous ; son cœur était toujours bon envers toi ; et ainsi, quand tu es revenu, il t'a montré son amour par ses cadeaux. Nous voyons tous que le missionnaire et sa femme n'ont envers vous rien d'autre dans leur cœur que l'amour. Mais vous devez être obéissant et vous devez être reconnaissant. Ils prient beaucoup pour vous et espèrent que vous deviendrez un bon chrétien et que, dans le futur, vous serez une grande bénédiction pour votre propre peuple.

Ainsi cet Indien chrétien sensé parla à Sandy, et ce fut pour lui une révélation. À partir de ce jour, il y eut en lui un changement radical et positif. Il devint obéissant et studieux, et toujours soucieux de faire ce qu'il pouvait en échange des gentillesses qui lui étaient témoignées. C'était un tireur capital, et lui et moi avons fait ensemble de belles excursions de chasse et de pêche. Comme sa boiterie gênait le succès de la chasse sur terre, mais non sa dextérité à manier la pagaie, je lui achetai un canot léger dans lequel il fit de nombreuses et courtes excursions.

Comme tous les garçons indiens, il était très habile avec l'arc et les flèches. Je me souviens d'une démonstration, de sa rapidité et de son habileté qui m'a presque étonné. Je l'avais emmené avec moi lors d'une excursion de chasse dans un endroit qui s'appelait le Vieux Fort. Son nom vient du fait que plusieurs années auparavant, la Compagnie de la Baie d'Hudson y avait un poste de traite pour le trafic avec les Indiens. Il était abandonné depuis de nombreuses années, mais à proximité se trouvaient de précieux terrains de chasse. Cet endroit où Sandy et moi étions allés chercher des canards se trouvait à environ trente kilomètres de chez nous. Nous avions parcouru cette distance dans notre canoë et avons réussi à reconstituer notre garde-manger. Tout en pagayant prudemment, nous avons vu un beau et gros canard colvert nageant assez loin devant nous. Alors que nous pensions être à portée, Sandy, qui se trouvait à l'avant du canot, a soigneusement levé son arme et a tiré. Que ce soit dû au mouvement du canot ou non, je ne peux pas le dire ; mais il a raté le canard. Rapidement comme un éclair, il jeta son fusil et, reprenant son arc et ses flèches, tira sur le canard qui, bien entendu, s'était levé instantanément et s'envolait directement devant nous. Imaginez ma surprise et ma joie de voir la flèche s'envoler si infailliblement qu'elle transperça le canard et l'amena soudain dans la rivière.

Ainsi, Sandy devint non seulement un garçon plus sage et meilleur, mais il se rendit parfois très utile à sa manière et revint de certaines excursions de chasse avec une grande variété de petit gibier qui ajoutait considérablement à notre menu domestique. Nous l'avons félicité pour son talent et son industrie et avons très vite découvert que des paroles aimables et affectueuses étaient la plus haute récompense qui puisse lui être donnée. Pauvre garçon! il en avait eu peu dans le paganisme ; et maintenant, grâce à nous, qu'il avait appris à respecter et à aimer, ils étaient comme de l'eau pour une âme assoiffée.

La conversion de Sandy.

Environ un an après ces désagréments avec Sandy, un réveil très gracieux commença parmi nos Indiens, s'étendant partout. C'était le fruit d'années d'enseignement et de prédication de nombreux missionnaires dévoués, et de nombreux efforts personnels pour amener le peuple à prendre une décision en faveur du christianisme. J'avais observé avec une grande joie que les réunions de prière et autres services religieux sociaux étaient largement augmentés par la fréquentation d'Indiens qui étaient sous influence religieuse depuis longtemps, mais ne s'étaient pas encore entièrement donnés au Christ. Même parmi les Indiens païens, il y avait moins d'opposition au christianisme et une plus grande volonté que jamais d'entendre la Parole. Parfois, cet esprit se manifestait d'une manière qui, pour la plupart des gens, aurait semblé avoir un goût d'égoïsme. Par exemple, un jour, très tôt le matin, le chef se précipita dans notre maison de mission et fit cette déclaration extraordinaire :

« Missionnaire, il y a beaucoup d'Indiens païens au Fort. Ce sont eux à qui vous parliez de devenir chrétiens. Je viens de leur rendre visite et je les ai exhortés à abandonner leurs anciennes habitudes ; ils m'ont dit : « Dis à ton missionnaire, s'il nous donne un bon carré de pommes de terre, nous viendrons l'entendre prêcher trois fois ! »

Sans aucun doute, beaucoup souriront à cette offre pittoresque, à cet étrange échange de marchandises ; Pourtant, nous qui étions sur le terrain et qui nous souvenions peu de temps auparavant de l'entêtement hautain de ces mêmes Indiens, étions heureux d'entendre cela de leur part. Nous avons rapidement accepté le défi et fourni les pommes de terre. Quels appétits ils avaient ! Mais ils ont rempli leur part du contrat et ont écouté attentivement – et fumé – pendant les trois offices. Ils étaient toujours amicaux par la suite ; et, au cours des années suivantes, un certain nombre d'entre eux sont devenus des chrétiens sincères. C'est payant de faire entrer la vérité dans le cœur, même s'il faut commencer par se remplir l'estomac de pommes de terre !

Sandy était si impatient de gagner notre approbation que nous savions qu'il était suffisamment disposé et courageux pour prendre toute position que nous suggérions. Mais nous étions tellement désireux que sa décision pour Christ soit bâtie sur une base plus profonde et plus solide que le simple désir de nous plaire, que, en discutant avec lui, nous n'avons utilisé aucune persuasion personnelle particulière pour l'amener à prendre une décision pour le Seigneur. Jésus. Il nous était évident par sa vie que le Bon Esprit agissait gracieusement sur son cœur et qu'il avait une profonde conviction religieuse.

Et bientôt l'heure bénie arriva. Un après-midi, alors que j'exhortais le grand public rassemblé dans l'église à reconnaître le privilège et la nécessité d'une décision immédiate pour Christ, Sandy et d'autres se levèrent de son siège près de la porte et s'avancèrent pour prier. Sa première pétition audible résonne encore à mon oreille comme si elle avait été prononcée hier :

« Ô Tapa-yechekayan Kiss-awa-totawenan ! » (Oh Seigneur, aie pitié de moi !)

Je me suis agenouillé à côté de lui et lui ai montré le cher Sauveur, l'ami des pécheurs. Je lui ai cité les douces promesses du Livre béni et lui ai assuré qu'elles étaient pour lui. Il pleurait et était profondément anxieux d'avoir l'assurance qu'il avait même un intérêt personnel pour le Crucifié. Des prières sincères ont été offertes pour lui et pour d'autres qui, comme lui, cherchaient la Perle de grand prix. Nous lui avons parlé de l'amour de Dieu révélé en Jésus. Nous avons essayé de lui expliquer le chemin de la foi, le plan simple du salut. Ce meilleur de tous les enseignants, ce guide infaillible, le Saint-Esprit, appliquait la vérité à son cœur ; et notre chère Sandy a vu le chemin et a cru sans réserve au Seigneur Jésus. C'était un doux chanteur et il s'était souvent joint à nous dans nos chants de dévotion à l'autel de notre famille ; mais maintenant comme jamais auparavant, il chantait dans son propre langage musical la traduction du vers « Mon Dieu est réconcilié », etc.

> "Ma' à noo-too-ta-min
> Ne-pa-tan ae-sit, Ak-wa a-wa-ko-mit Na-ma-ne-say-ke-sin,
> Wa-na-tuk-ne- pa-salut-à-tanAbba No-ta ae-tae-yan.

Faut-il ajouter que notre garçon indien, si étrangement confié à nos soins, était doublement cher et précieux à partir de cette heure ! Nous avions eu de longs mois de problèmes et d'anxiété à son sujet, et des amis, blancs et indiens, avaient pensé et nous avaient dit que ce que nous faisions pour lui était « un travail d'amour perdu ». Dans quelle mesure étions-nous reconnaissants, à cette heure heureuse de sa claire et belle conversion, d'avoir persévéré ? Nous n'avons jamais pu nous empêcher de sentir que sa venue vers nous venait de Dieu, et malgré tous les découragements, nous n'avions pas osé abandonner notre charge. Nous l'avions accepté comme une fiducie, même si c'était devenu une épreuve de patience ; pourtant, lorsque les nuages se sont dissipés, nous avons eu notre très grande récompense.

Depuis ce jour, sa présence dans notre humble maison de mission fut une bénédiction. Il est devenu un étudiant très pieux et respectueux de la Parole de Dieu ; et tandis que ses vérités bénies s'ouvraient devant lui, il avait de nombreuses questions à poser, de sorte que nous avons eu de nombreuses conversations affectueuses sur le Livre saint. Souvent, son cœur débordait de gratitude et d'actions de grâces envers Dieu, et il s'exclamait :

« Ô missionnaire, ces paroles sont bien douces à mon cœur ! »

Passer des heures à genoux avec sa Bible ouverte devant lui n'était pas rare pour Sandy. Et quand il descendait de sa chambre haute, le visage radieux, il s'écriait parfois :

« Oh, comme j'étais aveugle et stupide ! Avant, je pensais que la religion de l'homme blanc était semblable à celle des Indiens, mais pratiquée d'une autre manière, mais maintenant je sais – oui, je sais qu'elle est différente : oh, si différente ! Car ne sens-je pas dans mon cœur que Dieu est mon Père et que Son Fils est mon Sauveur, mon frère aîné ! Ah oui, je sais ! Je sais!"

Alors il se mettait à chanter, nous demandant de le rejoindre, ce que nous faisions souvent avec plaisir ; et le ciel semblait plus proche pendant que nous chantions.

Ainsi, il vivait avec nous comme un fils dans notre maison. Il a étudié dur et a grandi physiquement et spirituellement. Sa foi n'a jamais faibli et sa simple confiance n'a jamais cédé la place au doute. Il était une bénédiction dans les salles de classe, et la transformation d'un certain nombre de jeunes Indiens sauvages en élèves aimants et dociles était le résultat de sa bienveillante influence sur eux.

Le long hiver froid est arrivé et est passé. Pendant ce temps, j'ai parcouru quelques milliers de kilomètres sur mes traîneaux à chiens ou j'ai parcouru la neige épaisse, jour après jour, avec mes raquettes. Entre autres endroits, j'ai visité Nelson River et j'ai eu le grand plaisir de rapporter quelques petits cadeaux de Sandy à ses proches.

L'été suivant, j'ai rendu visite à nouveau à son peuple et j'ai eu la joie de leur dire qu'il se portait bien et qu'il faisait de rapides progrès dans ses études. Grande fut leur joie à cette bonne nouvelle.

Au cours de ces voyages, nous avons connu notre quantité habituelle de difficultés et de dangers, et nous avons connu des aventures particulières. Celui qui nous a tous beaucoup intéressés, et qui m'a beaucoup excité pendant un certain temps, a été notre découverte d'un ours en train de pêcher et notre capture de ses provisions. C'était un bel homme noir et grand, et il s'était assis sur un rocher près du rivage. Entre ce rocher et le rivage s'écoulait une petite portion du grand fleuve, dans lequel tout un banc de poissons blancs semblait avoir frayé. Les yeux perçants de l'ours les ayant repérés, il avait résolu d'en capturer un certain nombre pour son souper. Sa patte en forme de main était tout le matériel de pêche dont il avait besoin. Il l'enfonça très habilement dans l'eau sous le poisson qui passait, et d'un mouvement brusque envoya la belle nageoire voler dans les airs et sur le rivage pas très éloigné. Lorsque notre canot apparut au détour d'un méandre de la rivière, son ouïe fine détecta notre approche. Au début, il semblait se montrer combatif et agissait comme s'il voulait défendre son poisson ; mais une balle l'a fait changer d'avis sur le combat et il s'est enfui dans la forêt, nous laissant profiter de son magnifique poisson. C'étaient en effet de bons poissons, et tout à fait suffisants pour nos repas du soir et du matin, malgré le bon appétit que nous avait donné une si glorieuse vie au dehors.

Sandy, une bénédiction.

L'été suivant, après la conversion de Sandy, ma bonne épouse et moi avons remarqué que pendant plusieurs jours il était agité et excité et, pour utiliser une expression indienne, il avait quelque chose en tête. Nous l'avons aimablement interrogé sur la cause de ses troubles et de son inquiétude mentale, et avons tiré de lui que c'était uniquement à cause d'une visite qui allait bientôt lui être rendue par un certain nombre d'hommes de voyage de son propre peuple de Nelson River. . Son souci était qu'à cette première rencontre avec son propre peuple depuis qu'il était devenu chrétien, le discours qu'il allait leur donner au sujet du bon Livre et de son acceptation du christianisme, puisse devenir une grande bénédiction pour eux.

Les fourrures obtenues à cette époque dans le district de la rivière Nelson étaient si nombreuses et si précieuses qu'il fallait souvent deux brigades de bateaux pour remonter les prises de l'hiver précédent. Si les missionnaires ont prêché l'Evangile aux différents postes où sont constituées ces brigades, il est probable qu'une partie du peuple a accepté le christianisme, tandis que d'autres marchent encore selon leurs propres voies. Lors de leurs voyages, les chrétiens voyagent naturellement ensemble, tandis que les païens, choisissant pour chef un membre de leur propre parti, forment une brigade séparée.

On savait que la première brigade à venir était principalement composée de ceux qui avaient encore refusé de renoncer à leurs voies païennes. Parmi eux se trouvaient certains des propres parents de Sandy, et il était extrêmement soucieux qu'ils ne continuent plus dans leur opposition au christianisme et, lorsqu'on lui faisait appel à ce sujet, haussaient les épaules et disaient :

« Comme nos pères ont vécu et sont morts, nous aussi. »

Nous avons donc découvert que la cause de l'inquiétude de Sandy était son grand souci d'aider ses amis à connaître le Christ.

Le cœur joyeux, nous avons joyeusement promis de l'aider autant que nous le pourrions. Il s'attarda néanmoins et il était évident qu'il avait autre chose en tête, même s'il avait très chaleureusement exprimé sa gratitude pour notre promesse d'assistance. Nous l'avons encouragé à nous dire ce qu'il avait encore sur le cœur, afin que nous puissions l'aider si possible. Encouragé par nos paroles, il dit :

"Oh! Je sais que vous m'aiderez à leur parler de Jésus et de son amour ; mais vous savez que la plupart de ces bateliers ne sont pas encore chrétiens, et qu'ils sont tellement aveugles et stupides. C'est comme si j'étais dans mon ignorance de cette religion – de la Bible ; et mon inquiétude et ma crainte sont que lorsque je commencerai à leur parler de cette voie bénie, ils se lèveront et partiront avant que j'aie eu le temps de dire tout ce qu'il y a dans mon cœur. J'ai bien peur que nous ne puissions pas les maintenir ensemble à moins que… à moins… »

"A moins que quoi?" Dis-je alors qu'il s'arrêtait.

Le cher homme leva les yeux vers nos visages et, n'y voyant que des encouragements, rassembla son courage pour dire ce qui était dans son cœur :

"À moins que nous leur donnions à manger."

Nous avions passé suffisamment de temps parmi les Indiens pour savoir que le garçon avait raison ; car souvent, pour gagner les pauvres créatures ignorantes et les amener au son de l'Évangile, nous leur avions donné même la nourriture de notre propre table, jusqu'à ce que nous sachions nous-mêmes ce qu'était la véritable faim. Nous pourrions alors mieux comprendre combien il était difficile pour de pauvres auditeurs affamés d'accorder toute leur attention aux exhortations spirituelles l'estomac vide.

"Bien sûr, vous organiserez un dîner pour eux, Sandy", a déclaré ma courageuse épouse, "et nous ferons de notre mieux pour vous et votre peuple."

Sa coupe de bonheur parut pleine, lorsqu'il entendit cette réponse, et tandis que nous voyions les nuages s'éloigner, je dis :

« Est-ce ce qui vous dérange depuis des jours ? »

« Oui, répondit-il, de quel droit ai-je le droit de vous demander une telle faveur, à vous qui avez été si bon pour moi ? Vous m'avez laissé entrer dans votre maison alors que j'étais blessé, sombre et méchant ; m'a habillé et m'a même traité comme si j'avais été ton fils ; et le meilleur de tout, c'est que vous m'avez conduit vers cette grande joie de savoir que je suis un enfant de Dieu.

Ici, ses yeux se remplirent et il fut envahi par une profonde émotion. Très émus, nous attendîmes en silence qu'il se soit maîtrisé, lorsqu'il reprit :

« Vous savez comment, chaque jour, nous avons prié ensemble pour mon peuple ; et quand je suis seul devant Dieu, je prie pour eux ; ils sont toujours dans mon cœur et dans mes prières ; et maintenant que j'ai la chance de leur parler, je veux que cela réussisse. Vous savez, le pauvre Indien païen semble plus capable, ou plus disposé, d'une manière ou d'une autre, à écouter après avoir mangé quelque chose.

Il fut donc décidé, pour le plus grand plaisir de Sandy, que lorsque ses amis arriveraient de Nelson River, ils seraient invités à la maison de la mission pour le dîner.

C'était une belle journée quand ils sont arrivés. Une longue table avait été dressée sur la pelouse devant la maison, et un bon repas copieux avait été préparé. Heureusement, notre bateau de ravitaillement était arrivé de la rivière Rouge et quelques chasseurs indiens avaient apporté du gibier en abondance, de sorte que nous avions suffisamment de gibier, même pour une foule d'Indiens.

Sandy était pleine de bonheur. Le regarder et constater à quel point son peuple s'intéressait à lui nous procurait un grand plaisir.

Il fit asseoir ses amis indiens selon son propre esprit, car ses pensées étaient plus tournées vers l'après-service que vers le repas substantiel qui les précédait. Quand tous furent à leur place assignée, il dit :

« Maintenant, attendez une minute. Du Grand Esprit nous recevons toutes nos bénédictions ; alors fermez les yeux pendant que je le remercie et lui demande sa bénédiction.

Ils obéirent volontiers : car n'était-il pas le fils d'un chef et instruit du missionnaire ? Ils ne savaient pas ce que « Amen » signifiait, alors, après que Sandy l'eut dit, ils gardèrent toujours les yeux fermés et il fallut leur dire de les ouvrir et de commencer leur dîner.

Ils ont passé un bon moment ensemble. Il n'y avait rien de grossier ou de maladroit dans aucune de leurs actions, et un étranger qui les regardait n'aurait jamais imaginé que la majorité de ces hommes robustes, polis, courtois, mais pittoresquement vêtus, ne s'étaient jamais assis à une table ni mangé avec des fourchettes. Ces dernières sont considérées comme superflues dans le pays indien. Donnez à un Indien un bon couteau et une corne ou une cuillère en bois – et que lui importe une fourchette ? Sa seule préoccupation concerne l'approvisionnement en nourriture. Mais cette fois-ci, nous avions placé des fourchettes à chaque endroit, et après que ceux qui ne les avaient jamais vues auparavant eurent observé comment un familier se servait des siennes, ils l'imitèrent tous rapidement et s'en sortirent extrêmement bien.

Quels appétits ils avaient ! C'était un plaisir de voir à quel point ils appréciaient leur dîner, d'autant plus que nous savions que nous en avions assez pour tous.

Sandy, une missionnaire.

Lorsque le dîner fut terminé et qu'ils étaient sur le point de se lever de table, quelques mots de Sandy les firent tous rester tranquillement assis. Nous comprenions maintenant pourquoi il les avait disposés à table comme il l'avait fait. Chacun était assis de manière à pouvoir facilement voir et entendre. Il était évident qu'ils étaient tous très intéressés et pleins de curiosité d'entendre le message qu'il avait pour eux.

Ils savaient sans doute bien qu'une fête telle qu'elle leur avait été préparée équivalait à un discours de clôture ; mais aucun d'eux n'avait jamais imaginé que Sandy – « leur Sandy » – serait l'oratrice principale. Lorsqu'à la fin il prit le contrôle avec tant de naturel et d'habileté, ils furent d'abord étonnés, puis ravis, que l'un des leurs - et un jeune homme en plus - soit non seulement capable de faire une telle chose, mais qu'il soit encouragé à le faire. l'entreprise du missionnaire et de son épouse.

Craignant que notre présence puisse embarrasser Sandy, ma femme et moi avons reculé nos chaises un peu derrière lui, mais toujours suffisamment près pour entendre tout ce qui se disait. Nous étions extrêmement intéressés par les débats et avons élevé notre cœur vers Dieu afin que l'aide et la direction divines puissent être données à celle que nous aimions maintenant appeler « notre Sandy ».

Un peu de nervosité, d'abord perceptible, a disparu après quelques phrases, puis, avec une aisance et une éloquence qui nous ont tout simplement étonnés, les mots d'amour et de brûlure ont coulé de ses lèvres. Avec quelques mots d'explication, il prit sa Bible et son livre de cantiques bien-aimés et commença le service.

Des paroles mêmes de ce discours, je me souviens maintenant de très peu de choses ; mais le souvenir en restera éternel. Il leur raconta l'histoire de sa vie à partir du moment où, ayant trouvé mon chemin vers leur pays lointain, je l'ai rencontré dans sa maison en wigwam alors qu'il gisait blessé sur le sol, je lui ai parlé gentiment et lui ai donné sa première leçon. Il a parlé de son très long voyage en canot et de son arrivée chez nous. Il a décrit avec quelle gentillesse il avait été reçu, avec quelle stupidité et quelle ingrat il avait agi lorsque la nouveauté du nouveau mode de vie s'était dissipée, et comment il avait été assez stupide pour regretter son ancienne vie dans le wigwam. Il a dénoncé dans un langage très emphatique sa propre ingratitude à notre égard pour toute la bonté que nous lui avions témoignée et la patience avec laquelle nous avions supporté sa bêtise.

Puis il raconta l'histoire de sa conversion : si je pouvais la raconter comme lui ! Il opposa leur vieille religion insensée de prestidigitateurs – qui les avait seulement maintenus dans la peur et la terreur tous leurs jours, n'apportant ni paix ni repos à leur âme – avec celle qui était enseignée dans le Livre béni ; ce qui était devenu une grande joie dans sa vie, le remplissant de paix dans l'assurance que même lui était un enfant de Dieu. Il avait son rendez-vous dans sa vie spirituelle – son anniversaire dont on se souvient bien ; et il y faisait référence. Il raconta cet après-midi à l'église où, en réponse à l'invitation : « Qui donnera son cœur à Dieu aujourd'hui ? il avait répondu : « Je le ferai ! et s'inclinant devant Dieu dans la prière, il avait recherché le pardon de ses péchés et l'assurance de la faveur divine. Très clairement et avec beaucoup d'émotion, il leur a assuré que, tout en ayant confiance et en croyant que Jésus-Christ, le Fils de Dieu, pouvait et voulait le recevoir, il l'avait bel et bien reçu.

Ainsi, d'un ton sérieux, dans sa belle langue indienne, il continuait encore et encore ; maintenant, les exhortant et les exhortant à accepter ce grand salut du Grand Esprit qui était le Père aimant de tous et qui désirait le salut de chacun de ses enfants, qu'ils soient blancs ou indiens ; puis, se référant à nouveau à sa propre conversion et à la joie qui lui était venue, comme une des raisons pour lesquelles il souhaitait que tous soient chrétiens.

Mme Young et moi étions ravis et également étonnés ; non seulement à cause de sa volonté de s'exprimer, mais aussi à cause du caractère religieux et de la puissance de son discours. Je ne pouvais que dire dans mon cœur :

« C'est le résultat de ces longues heures que ce jeune enfant de Dieu a passées jour après jour avec le Livre ouvert devant lui et le Saint-Esprit comme enseignant ; et, grâce à Dieu, voici la glorieuse récompense pour tout ce que nous avons dû faire et supporter avec ce garçon indien sauvage et négligé. Dans cette heure heureuse, nous voyons suffisamment pour nous récompenser de tout ce que nous avons dû supporter avant que la première appréciation de notre gentillesse ne soit faite. Il a semblé qu'un temps long s'est écoulé entre le semis et la récolte ; mais le temps de la récolte est enfin arrivé et nous sommes ici témoins de ce spectacle glorieux : Sandy, notre jeune Indien autrefois sauvage et rebelle, maintenant avec un visage radieux et une langue éloquente, dans le langage le plus beau et le plus scripturaire, exhortant et suppliant ses amis indiens de renoncer à leur ancien paganisme insensé et accepter le christianisme.

Pendant qu'il parlait, les visages de ses auditeurs indiens étaient effectivement des études. Ils buvaient littéralement ses merveilleuses paroles. J'avais prêché à quelques-uns d'entre eux au cours de certains de mes longs voyages ; mais à côté de ces quelques-uns, il y avait ceux qui écoutaient maintenant Sandy qui n'avaient jamais entendu de telles choses auparavant, et ils semblaient étonnés et confus. Ceux qui n'en ont jamais été témoins peuvent difficilement imaginer l'étonnement, et parfois la crainte, qui s'empare d'un groupe de purs païens, lorsque, pour la première fois, l'histoire de l'Amour Rédempteur est entendue.

Sandy a continué en leur parlant de son amour et de son anxiété pour eux, ainsi que de son désir et de ses prières constantes pour qu'ils deviennent tous chrétiens et sachent par eux-mêmes que Dieu les aimait et qu'ils étaient ses enfants. Il leur expliqua comment, au début, il pensait que la Bible était réservée aux hommes blancs ; mais qu'il avait appris que le Grand Esprit a donné son Livre à toutes les races, les aimant tous de la même manière. C'était la raison pour laquelle il tenait tant à ce que son propre peuple accepte ce grand salut qui était pour lui. Cela les rendrait heureux, tout comme cela rendait les autres partout dans le monde qui l'acceptaient pleinement.

Ils ont écouté la fin de son long discours avec un vif intérêt. En réponse à sa demande, un certain nombre de questions ont été posées concernant cette nouvelle voie et comment il était possible pour eux d'y entrer. Ses réponses étaient très appropriées et belles. En plus de ses propres paroles, il ouvrit de nouveau sa Bible et leur lut promesse après promesse, pour montrer l'universalité de l'amour de Dieu, et qu'il avait donné son Fils pour qu'il meure pour eux tous, et ce qu'ils devaient faire pour recevoir cet amour dans leur cœur.

À sa demande, j'ai suivi avec un bref discours, approuvant ce qu'il avait dit. Je les ai suppliés avec amour de se souvenir de ses paroles et de faire comme lui : donner leur cœur à Dieu ; et devenez ainsi ses enfants heureux et aimants. Un hymne a été chanté ; des prières sincères ont été offertes; la bénédiction fut prononcée, et ce service remarquable prit fin.

Avant de partir, ils se sont rassemblés autour de Sandy et l'ont embrassé. Ils lui posèrent d'autres questions sur cette nouvelle voie et il eut avec certains d'entre eux des entretiens sincères et fidèles. Ils sont tous venus nous serrer la main et nous ont très gentiment remerciés pour notre grand amour et notre gentillesse envers leur Ookemasis, le jeune chef, comme ils appelaient maintenant en riant Sandy.

Après être resté avec nous quelques années, Sandy est retourné sur ses terres et sur son peuple. Parmi eux, il vit toujours en chrétien dévoué et travailleur. Il est le bras droit du missionnaire, une bénédiction pour beaucoup, et nous considérons comme l'une de nos « principales joies » le fait d'avoir contribué à le conduire vers la lumière.

Chapitre sept.

La fête indienne du Nouvel An.

Depuis des temps immémoriaux, les Indiens se sont fait remarquer par le nombre de leurs fêtes. Certains d'entre eux, comme la Nouvelle Lune et les prémices du maïs, célébrés par une partie des tribus, étaient généralement innocents, semblant indiquer une origine juive dans un passé obscur ; d'autres, comme la fête des chiens où les pauvres animaux étaient mis en pièces sans raison, étaient répugnantes à l'extrême.

Dès que les missionnaires réussirent à faire écouter l'Évangile aux hommes rouges, ils insistèrent sur la suppression des fêtes pécheresses ; d'autant plus qu'ils étaient plus ou moins associés à leurs idées de culte. Même le festin des chiens était considéré comme un « bon remède » pour apaiser les mauvais esprits : car les chiens étaient appréciés par l'Indien à côté de ses enfants, et les sacrifier constituait une très grande offrande.

Lorsque les missionnaires se rendirent parmi les Cris des Bois du Nord, ils réussirent grandement à convaincre le peuple de ses superstitions païennes. Bien entendu, ils insistaient pour qu'ils abandonnent entièrement toutes les habitudes et coutumes répréhensibles de leur vie passée ; et parmi eux, leurs fêtes pécheresses. Cependant, ils n'ont pas essayé d'extirper le mot de leur langue ; mais pour remplacer ce qui n'allait pas, il organisa une fête chrétienne. Cette grande fête était célébrée le jour du Nouvel An – à moins que ce jour ne tombe un dimanche, alors qu'elle avait lieu le lendemain – à Norwegian House, la plus grande station missionnaire de l'époque.

Les préparatifs ont commencé plusieurs mois à l'avance. Un grand conseil indien se tiendrait au cours duquel, comme simple formalité, la question serait d'abord posée : « Devons-nous avoir la grande fête cette année ?

Cette proposition serait adoptée à l'unanimité et, pour les Indiens, avec de grands applaudissements. La question suivante, à laquelle il faudrait plus de temps pour répondre, serait : « Qu'est-ce que chacun est prêt à donner comme contribution à la fête ? »

Au début, les réponses semblaient très étranges. Mamanowatum, un grand chasseur d'orignal indien, dirait :

« J'ai découvert la piste d'un élan. Je donnerai la moitié de l'animal… et son nez.

Le nez d'orignal est considéré comme un mets de grande délicatesse. La viande d'orignal est la meilleure de toutes les venaisons ; et Mamanowatum était un chasseur très prospère. Ainsi, cette splendide contribution, même si l'orignal n'avait pas encore été abattu et était difficile à tuer, serait enregistrée avec grand plaisir.

Alors Soquatum dirait : « J'ai découvert une tanière d'ours. Je donnerai la moitié de l'ours au festin – et toutes les pattes.

Cette généreuse contribution serait également très appréciée, car les pattes de bœuf comptent également parmi les grandes spécialités du pays.

Mustagan parlerait ensuite et dirait : "Je sais où se trouve une grande maison de castor, et je donnerai cinq castors et dix queues."

Cette donation rencontrerait aussi une grande satisfaction, car les castors sont un excellent mangeur, et leurs grandes et larges queues, avec le nez de l'orignal et les pattes de l'ours, constituent les principales spécialités du pays.

Rapidement, les chasseurs se levaient les uns après les autres et offraient leurs cadeaux, gardant le secrétaire aux Affaires indiennes occupé à écrire en caractères syllabiques les diverses offrandes de gibier promises, dont la plus grande quantité errait encore - peut-être à des centaines de kilomètres de là - dans la forêt hivernale.

Ceux parmi les chasseurs qui excellaient dans la capture de précieux animaux à fourrure, dont la chair ne vaut rien pour la nourriture, apporteraient leur contribution en riches fourrures, telles que des visons, des hirondelles, des loutres et des hermines, qui seraient échangées dans les magasins de la Compagnie de la Baie d'Hudson. pour la farine, le thé, le sucre et les prunes.

Le conseil durerait jusqu'à ce que tous ceux qui pouvaient donner, ou avaient la moindre idée de succès, aient enregistré leurs contributions.

Peu de temps après, commençait le travail visant à obtenir les offrandes promises pour la fête. Même ceux qui ont réussi n'ont pas toujours apporté ce qu'ils avaient promis. Parfois, ceux qui avaient promis un castor avaient la chance de rencontrer un troupeau de rennes et revenaient ainsi avec leur contribution en venaison, peut-être quatre fois supérieure au castor promis. Ou peut-être que l'homme qui avait promis quelques chats sauvages – et ils ne mangent pas mal –, alors qu'il les cherchait assidûment, détecterait le petit filet de vapeur ascendant d'une grande congère, qui lui disait, là-bas, là-bas, dans une tanière dormaient quelques gros cœurs. Ceux-ci seraient déterrés et tués, et une partie de la viande serait apportée au festin. Il arrivait encore parfois — la chance du chasseur étant très incertaine — que certains, qui promettaient une contribution importante, ne pouvaient pas en apporter autant. Cependant, avec les dons des commerçants de fourrures et de la maison de la mission, il y aurait une réserve importante : et cela était nécessaire, car les Indiens ont bon appétit.

Au fur et à mesure que les différentes espèces d'animaux étaient abattues ou capturées, la viande était apportée à la mission et bien protégée des chiens rusés dans la grande poissonnerie ; où il gèlerait solidement et resterait ainsi en bon état jusqu'à ce que cela soit nécessaire. Environ une semaine avant le jour de la fête, la femme du missionnaire appelait à son aide un petit nombre d'Indiennes intelligentes ; et, aidés de quelques hommes qui coupaient la viande congelée en morceaux de grosseur convenable, ils rôtissaient ou faisaient bouillir tout ce grand assortiment. C'était un « assortiment », et ils le regardaient avec fierté et se réjouissaient. Avec la farine, les prunes, le sucre et la graisse d'ours – un substitut au suif – on ferait de grands puddings aux prunes, durs et solides ; mais les morceaux coupés à la hache donnaient beaucoup de satisfaction aux gros mangeurs.

Le jour venu, les préparatifs de la fête commencèrent très tôt. Les sièges furent retirés de l'église et les tables, sur toute la longueur de l'intérieur, furent rapidement fabriquées et mises en place par les charpentiers indigènes. De grands feux rugissants étaient allumés dans les deux poêles en fer, et la température intérieure du bâtiment était aussi tropicale que possible ; tandis qu'à l'extérieur il faisait cinquante degrés au-dessous de zéro, voire plus froid. Cette chaleur intense était nécessaire pour décongeler la viande qui, après avoir été cuite un jour ou deux auparavant, avait rapidement refroidi et gelé. La grande provision fut bientôt transportée dans l'église chaude, et après les quelques heures qui s'écoulèrent avant le début de la fête, elle était dans un état capital pour les douze ou quinze cents Indiens affamés qui, depuis des semaines, attendaient avec impatience ce grand événement.

C'était une compagnie hétéroclite, tous les bienvenus et tous de la meilleure humeur. Les chefs et les chefs recevaient des instructions du missionnaire, les transmettaient aux ouvriers et veillaient à ce que tout soit fait. Des femmes heureuses et occupées, sous la direction aimante de la femme du missionnaire, qu'elles idolâtraient simplement, dressaient les tables, pour l'équipement desquelles étaient installés tout le nécessaire de table du village, principalement des tasses et des assiettes en fer blanc, ainsi que les ustensiles de cuisine. garde-manger de la mission, ont été mis en service. De grandes chaudières et bouilloires à thé étaient préparées, et des centaines de gâteaux plats, faits de farine, d'eau et d'un peu de sel, étaient cuits dans des poêles à frire ou sur le dessus des poêles, coupés en gros morceaux et prêts à être distribués.

Tandis que des mains occupées s'employaient ainsi à faire les dernières dispositions pour la grande fête, qui commençait généralement vers une heure, les centaines d'autres Indiens, surtout les jeunes hommes, s'adonnaient à divers sports dehors. Les toboggans des écoliers ont accueilli de nombreux visiteurs ; et quelques parties de football animées ont été jouées sur le lac gelé. La neige avait été grattée d'une douce couche de glace où les patineurs actifs ont montré leur vitesse et leur habileté. Mais les pensées de tous étaient tournées vers la fête, et ils attendaient avec impatience le son de la cloche qui les appellerait à en profiter.

Vers le milieu de la matinée, il y eut une pause des plus intéressantes dans les préparatifs. Le chef allait chez le missionnaire et lui demandait un crayon et un morceau de papier à lettres. Puis, emmenant avec lui l'un des principaux hommes dans l'église, où la foule des ouvriers s'affairait, il appelait à un court arrêt des travaux et, debout sur un banc, demandait :

« Combien de nos concitoyens sont malades, âgés ou blessés et ne peuvent donc pas être avec nous à la grande fête d'aujourd'hui ? Donnez-moi leurs noms.

Au fur et à mesure que les noms seraient mentionnés, ils seraient enregistrés ; jusqu'à ce que, peut-être, vingt ou plus soient ainsi appelés.

"Plus?" criait le chef. « Que personne ne soit oublié en ce jour heureux. »

« Oh oui, il y a une vieille femme alitée, allongée sur son canapé fait de peaux de lapin et de branches de baume, dans un wigwam à six milles en amont de Jack River », dit l'un d'eux.

« J'ai entendu dire qu'il y avait deux malades laissés dans un wigwam sur l'île près du village de York par les Indiens païens venus à la fête », dit un autre.

« Déposez-les, bien sûr. Mais arrêtez! L'un de vous sortira et demandera à ceux qui sont venus s'il n'en reste pas plus que ces deux-là.

Bientôt, on apprend qu'il n'y a pas seulement ces deux malades, mais aussi une petite fille avec une jambe cassée.

"Mettez son nom aussi."

La liste est relue et la question est à nouveau posée :

« Etes-vous sûr que nous n'en avons oublié aucun ? Ce serait dommage que nous soyons ici en train de festoyer et que nos personnes âgées et affligées soient oubliées.

La question serait discutée jusqu'à ce qu'ils soient sûrs que tous les noms étaient enregistrés, même ceux des affligés des Indiens encore non convertis qui étaient toujours les bienvenus et généralement disponibles. Ensuite, le chef, accompagné d'un ou deux assistants, se rendait aux grands tas de nourriture, coupait de généreux morceaux de venaison et de viande d'ours, et, avec un assortiment d'autres choses, formait autant de gros paquets qu'il y avait de noms sur son liste, chaque paquet contenant peut-être suffisamment de nourriture pour durer quelques jours aux affligés. Alors le chef se rendait là où les jeunes hommes robustes et actifs s'amusaient, et criant les noms de tous ceux qu'il avait des paquets, donnait au plus rapide un gros paquet et disait :

« Apportez cela à Ookoominou, qui est malade et alitée à six milles en amont de la rivière, et dites-lui que nous sommes tous désolés qu'elle soit si vieille et si faible qu'elle ne puisse pas être avec nous aujourd'hui. Avec cela, adressez-lui nos salutations et notre amour chrétiens, ainsi que nos vœux qu'elle profite de sa part de la fête.

En regardant si les ficelles de ses mocassins et ses jarretières de perles sont bien nouées, et en serrant sa ceinture autour de sa chemise de cuir, le coureur rapide s'en irait comme une flèche ; direction le wigwam lointain, où, en âge et en faiblesse, se trouve l'une des grands-mères de la tribu, maintenant aimée de tous ; mais qui aurait été mis à mort il y a des années, si le bienheureux Évangile n'était pas venu parmi ce peuple et n'avait pas opéré ses merveilleuses transformations dans leurs cœurs. Il faudrait que ce coureur indien de la flotte fasse six milles et revienne avant de pouvoir avoir sa part du festin ; mais n'ayez crainte, il reviendra dans le temps. Que représentent pour lui douze milles, quand il y a une telle fête à la fin ? Et puis, n'est-il pas chrétien ? Et ne considère-t-il pas comme une joie d'être le porteur d'un tel paquet, avec un message aussi affectueux, au vieil et faible Ookoominou ? Bien sûr qu'il le fait.

D'autres adressés de la même manière et chargés de messages d'amour sont rapidement envoyés. Tandis que la majorité des messagers préfèrent faire le voyage à pieds volants, certains, peut-être qui ont des paquets pour trois ou quatre dans le même voisinage, préfèrent prendre leurs trains à chiens de flotte. Cependant, la manière dont ils se comportent n'a que peu d'importance. Ils sont bientôt tous partis, et beaucoup plus tôt que ce que nous, les inexpérimentés, pourrions espérer.

Il est difficile de donner une description adéquate de la grande fête elle-même. Les tables sont remplies de diverses sortes de nourriture, les tasses sont remplies de thé et toutes les personnes âgées sont assises en premier. Certaines années, il était d'usage que le missionnaire ait une grande table à sa tête, à laquelle étaient invités les fonctionnaires de la Compagnie de la Baie d'Hudson et leurs familles, ainsi que tous les amis en visite qui pourraient se trouver dans le pays. Les chefs avaient également une place à cette table, un honneur très apprécié. Une fois tous assis, ils chantèrent de bon cœur, en guise de grâce avant le repas, la traduction crie du verset :

> « Sois présent à notre table, Seigneur,
> sois adoré ici et partout ; ces créatures bénissent et
> accordent que nous puissions nous régaler au paradis avec
> toi. »

Lorsque les personnes âgées eurent mangé, les tables furent rapidement débarrassées ; puis de nouveau rempli et rempli, jusqu'à ce que tous se soient régalés, et certains soient même revenus « pour faire le plein », comme ils disaient, quelques vides découverts. Quels appétits ils avaient ! et quelle jouissance effrénée ! Aucune crainte inquiétante d'un cauchemar imminent, ni d'une indigestion, ne troublait leur félicité. La dyspepsie et les maladies apparentées n'avaient jamais, jusqu'alors, frappé ce peuple de chasseurs en bonne santé ; et ainsi, lorsqu'on préparait un festin de choses grasses comme celui-ci, où ils savaient qu'ils étaient tous les bienvenus, ils y entraient pour s'amuser et le savouraient pleinement, sans aucune inquiétude pour les conséquences ultérieures. C'était une époque de leur histoire : le jour le plus béni de l'année. Certains d'entre eux enregistrèrent le temps, comme autant de lunes après la fête ; et à mesure que l'année avançait, ils s'engageaient pendant tant de lunes avant la fête suivante.

Si les provisions étaient encore abondantes lorsque les derniers avaient mangé, les premiers étaient remis au travail jusqu'à ce que les côtes de l'ours soient toutes cueillies et que chaque cuissard de chevreuil ait disparu. La nuit approchait grandement avant que ce stade des débats fût atteint. Lorsqu'il arriva, des mains volontaires démontèrent les tables, balayèrent le bâtiment, replacèrent les sièges, allumèrent les lampes à huile et le festin intellectuel eut lieu. Pendant des années, Mamanowatum, dont le nom familier était Big Tom, a été nommé président. C'était un homme de grande taille, en fait, presque gigantesque, lent et réfléchi ; mais il marquait généralement sa marque dans tout ce qu'il entreprenait de faire ou de dire. C'était amusant de le voir au fauteuil, présider une grande réunion. Il était très respecté de tous et personne n'osait présumer de son apparente bonhomie. Il se relevait lentement, semblant se lever par petits saccades ; mais une fois debout, il avait quelque chose à dire et il le dit.

Ils ouvraient toujours toutes sortes de réunions tenues dans l'église par des exercices religieux. Puis Mamanowatum a prononcé son discours, toujours bon et suggestif, dont le thème principal était l'action de grâce et la gratitude envers Dieu pour les bénédictions de l'année. Lorsqu'il eut terminé, il demanda des adresses à différents Indiens. Certains d'entre eux étaient également très bons. C'est la nuit de toutes les autres, où les orateurs indiens tentent de faire preuve d'humour et d'esprit. En tant que race, ils n'excellent pas dans ce domaine, mais ils obtiennent parfois de très bonnes choses. Même s'ils commençaient leurs discours par une plaisanterie lumineuse qui suscitait des sourires, et même des rires, il n'y avait jamais rien d'inconvenant dans cet endroit, et tous dérivaient rapidement dans une tension de remerciement à Dieu pour ses bénédictions. À écouter leurs paroles joyeuses et reconnaissantes, on pourrait penser qu'ils sont le peuple le plus favorisé sur terre ; qu'il n'y a jamais eu un tel festin, un gibier aussi délicieux, une viande d'ours aussi grasse, un thé aussi fort avec autant de sucre ; et qu'aucun autre peuple n'avait de missionnaires aussi aimables. Alors, avec un cœur plus reconnaissant que jamais, ils chantaient :

« Louez Dieu de qui découlent toutes les bénédictions. »

Ainsi ils parlaient et se réjouissaient ensemble de ce service particulier qui leur était propre. On s'attendait à ce que les Blancs se retirent à cette occasion et ne disent rien.

Vers dix heures, ils chantèrent ensemble la doxologie ; et, avec la bénédiction prononcée par l'un des leurs, cette journée des plus intéressantes, avec ses plaisirs et ses jouissances variés, se termina.

De longues années se sont écoulées depuis qu'avec les joyeux Cris nous avons profité de ces riches journées de fête ; pourtant, ils représentent dans notre vie missionnaire des jours marquants ; lorsque nos cœurs furent particulièrement touchés par la bonté spontanée et cordiale manifestée envers les personnes âgées et affligées, qui ne pouvaient être présentes, les cadeaux généreux envoyés nous firent sentir qu'ils n'étaient ni oubliés ni négligés, mais qu'ils étaient dans un grand mesure a fait participer aux plaisirs de cette journée mouvementée.

Chapitre huit.

Le train de fournitures supplémentaire pour chiens et ce qui en a résulté.

« Comme vous avez tant de chiens magnifiques cet hiver, pourquoi ne pas prendre un train supplémentaire avec vous et rapporter de la Rivière-Rouge un peu de nourriture de la civilisation, afin que nous puissions l'avoir pour nous rappeler d'autres jours ? »

Ainsi parlait la bonne épouse, qui, comme moi, se lassait parfois d'avoir les poissons d'eau douce du pays comme principal régime alimentaire pendant environ la moitié de l'année. Pendant les six autres mois, nous vivions principalement de gibier, comme de venaison, de viande d'ours, de castor, de chat sauvage, de lagopède, de lapin et même de rat musqué. Cette demande d'apporter quelque chose à manger au goût de civilisation n'était donc pas déraisonnable. Je me rendais à la colonie de Rivière-Rouge pour affaires liées à l'avancement spirituel de notre mission, et c'était une bonne occasion d'apporter avec moi certaines choses qui ajouteraient à notre confort et nous aideraient dans le bon travail ; nous devions faire tant de choses pour nos pauvres Indiens, qui étaient souvent en difficulté et cherchaient constamment de l'aide auprès de nous.

Mes splendides bêtes obtenues à Hamilton, à Montréal et ailleurs s'étaient multipliées, jusqu'à présent j'avais un certain nombre des meilleurs chiens de traîneau du pays. Quand vint le moment du long voyage, je les attelai ; et, prenant un train supplémentaire pour l'approvisionnement supplémentaire en nourriture suggéré par ma femme, avec mon guide et mes chauffeurs de chiens, j'ai commencé le voyage. Afin de pouvoir revenir avec des chargements complets, nous partîmes avec nos traîneaux chargés de poissons, dont nous en cachâmes un certain nombre dans nos différents emplacements de camping, afin d'en avoir pour nourrir nos chiens au retour.

Nous avons passé plusieurs jours sur la route, car nous avons rencontré une violente tempête de neige qui a rendu très difficile le déplacement de nos lourdes charges. Cependant, nous sommes arrivés au règlement et avons été chaleureusement accueillis chez notre ami, l'hon. Monsieur Sifton. Les affaires qui nous ont amenés à la civilisation étant bientôt réglées, nous commençâmes nos achats de fournitures pour le retour, une attention particulière étant accordée à l'achat du chargement supplémentaire de bonnes choses. Tout d'abord, je suis allé chez un boucher et je lui ai acheté environ deux cent cinquante livres de ses meilleurs morceaux de viande ; lui disant que comme il devait être traîné par des chiens sur un traîneau sur quelques centaines de kilomètres, je voulais le moins d'os possible. C'était un homme honnête et il m'a bien traité. Ensuite, je suis allé chez un commerçant et je lui ai acheté du riz, de la farine, du beurre, des légumes en conserve et diverses autres choses, faisant en tout un chargement d'environ six cents livres. J'étais très fier d'un tel chargement, en plus de la réserve de farine qui se trouvait sur les autres traîneaux. Envoyant mes traîneaux à chiens lourdement chargés quelques jours à l'avance, j'ai suivi - en compagnie de Martin Papanekis, un conducteur indien préféré - des chiens tels que. Voyageur, en tant que leader, et Jack, Cuffy et César derrière lui, sachant que nous n'aurions aucune difficulté à dépasser le reste de notre groupe. Nous arrangeâmes notre voyage de retour de telle sorte que chaque nuit nous atteignions le camp que nous avions utilisé lors du voyage aller. À deux endroits, à notre grand dégoût, nous avons constaté que les loups ou les carcajous avaient été trop intelligents pour nous et avaient découvert notre cache et dévoré nos poissons. Alors ces nuits-là, nous devions nourrir nos chiens avec les réserves de viande achetées à Rivière-Rouge.

Le moment venu, nous atteignîmes notre mission, où nous ressentions une grande satisfaction quant à l'abondance et à la variété des fournitures obtenues au prix de tant de labeur et de dangers. Le menu s'était beaucoup amélioré, et deux fois par semaine nous avions un petit rôti de bœuf ou de mouton, avec des légumes, et un dessert de riz au lait.

Cela dura pendant deux ou trois semaines, pendant que nos cœurs étaient attristés et que nos devoirs et nos soucis augmentaient considérablement par l'apparition de la rougeole parmi nos Indiens. Cette épidémie a été causée par l'arrivée dans notre pays de quelques libre-échangistes récemment atteints de la maladie. Ils étaient sortis de l'hôpital guéris ; mais d'une manière ou d'une autre, ils avaient porté les germes de la maladie, de sorte qu'en entrant et en sortant des wigwams, ils répandirent la contagion parmi les indigènes, et une épidémie éclata. Cette étrange nouvelle maladie terrifiait les gens.

A cette époque, j'organisais des groupes d'Indiens à la rivière Oomeme, ainsi qu'à la rivière Berens, où nous vivions alors. À peu près à la même époque, la rougeole éclata également parmi un certain nombre d'Indiens païens sous le règne de Thickfoot, un vieux chef têtu mais amical qui refusait de devenir chrétien. À cet endroit, nous avions récemment achevé une maison de mission, quelques dépendances et une école confortable, que nous utilisions comme église jusqu'à ce que cette dernière soit achevée. Nous avions tiré tout le bois de ces bâtiments avec nos chiens sur une grande île située à plusieurs kilomètres du continent. Lorsque la rougeole a éclaté et que nous avons vu la peur des Indiens, nous avons immédiatement, dans la mesure du possible, transformé les locaux de notre mission en hôpital. En plus des bâtiments déjà mentionnés, nous avons également installé pour les malades notre grande tente en cuir de buffle. Ici, sur des lits et des canapés improvisés, nous avons rassemblé autour de nous les affligés, les rendant aussi confortables que nos moyens limités le permettaient.

À la rivière Oomeme, nos Indiens chrétiens se sont heureusement échappés ; mais les Indiens païens, parmi lesquels la maladie s'était déclarée, étaient fous de peur et, dans de nombreux cas, agissaient de manière à aggraver la maladie. Certains d'entre eux, lorsqu'ils éclataient, se précipitaient hors de leurs wigwams chauffés et se roulaient dans la neige, ce qui était bien entendu un traitement des plus désastreux, entraînant la mort de nombreuses personnes. Alors leurs parents furent si terrifiés que, craignant d'enterrer leurs corps, ils enlevèrent les wigwams autour d'eux, les laissant exposés aux loups dévorants ; et puis, on m'a fait dire que si je désirais que leurs amis soient décemment enterrés, je devais venir le faire moi-même. En entendant cela, j'ai pris des planches, des clous, un marteau, des pelles et d'autres choses nécessaires, et avec quelques Indiens, je me suis précipité vers cet endroit. Après quelques persuasion, j'ai réussi à convaincre une famille indienne de déplacer son wigwam de l'endroit où il était resté tout l'hiver et où le feu brûlait constamment ; et là, là où le sol était encore chaud et non gelé, on creusa la tombe, la rendant suffisamment grande pour tous ceux qui étaient morts. Avec nos planches, nous fabriquions les cercueils et, après un simple service religieux, enterrions leurs morts.

À Berens River, notre méthode de traitement auprès de nos malades ressemblait à ceci. Tôt le matin, de grandes marmites en partie remplies d'eau étaient suspendues au-dessus d'un bon feu. On y mettait plusieurs livres de bon bœuf ou mouton frais que nous avions rapporté de la civilisation. Une fois bien bouilli, plusieurs kilos de riz ont été ajoutés et le tout laissé à bouillir jusqu'à ce qu'il soit cuit dans une soupe riche et nourrissante. Ensuite, des gâteaux plats nourrissants ont été confectionnés en abondance. Pendant qu'on préparait ce déjeuner pour les malades, le missionnaire, avec ses assistants, s'occupait activement de faire la tournée des malades. Leurs divers besoins étaient satisfaits, des médicaments leur étaient donnés et tout ce qui pouvait l'être était fait avec joie pour leur confort. Ensuite, l'épouse du missionnaire, accompagnée de ses assistants, a suivi avec des bouilloires de soupe chaude, du pain et du thé. Des repas de cette nourriture nourrissante étaient offerts et très appréciés par les affligés. Il y avait des cas si graves qu'il semblait parfois impossible de les sauver ; mais avec la bénédiction du ciel sur nos efforts, nous avons réussi à rétablir tous les cas dont nous avions immédiatement la charge. Tout en faisant tout ce que nous pouvions pour leur rétablissement physique, nous avons eu de grandes opportunités de leur transmettre une instruction religieuse. De doux hymnes, traduits dans leur propre langue, étaient chantés, et les promesses extrêmement grandes et précieuses du Livre béni étaient souvent lues et expliquées à chaque chevet. Leur peur de cette étrange nouvelle maladie les a quittés, et ils sont devenus patients et pleins d'espoir. Le résultat fut que, même si parmi les Indiens païens de la rivière Oomeme il y eut de nombreux morts, aucun de nos Indiens chrétiens ne mourut.

Lorsque le dernier cas fut guéri et que la maladie disparut, nous fîmes le point sur nos provisions. Nous avons constaté que toute cette nourriture supplémentaire pour chiens, ainsi qu'une grande quantité de farine et d'autres choses, avaient été utilisées pour nourrir nos pauvres malades. Pas un dixième du tout n'était venu à notre table ; et c'est ainsi que nous avons dû encore une fois nous rabattre sur notre nourriture indigène. Le poisson était à nouveau notre régime vingt et une fois par semaine. Mais nous avons eu la grande joie et la satisfaction de savoir que, selon toute vraisemblance humaine, nous avions sauvé la vie d'un grand nombre de nos concitoyens ; et avaient trouvé une telle place dans leur cœur que nos futurs efforts pour évangéliser ou pour aider à la vie bénie seraient bien plus efficaces.

Chapitre neuf.

Une leçon à ne jamais oublier.

Quand j'étais petit garçon, mon père était en poste dans une grande mission dans les forêts du Canada. Les robustes émigrants du Vieux Monde se pressaient dans ce nouveau pays, et chaque année des milliers d'acres supplémentaires de céréales poussaient, là où, peu de temps auparavant, les sombres forêts primitives, qui existaient depuis des siècles, détenaient la possession.

Les tribus indiennes indigènes reculaient devant cette marche irrésistible de l'homme blanc, ou s'installaient dans des réserves choisies pour elles par le gouvernement. Pendant des années, ils conservèrent leur droit de se promener et de tuer le gibier qui était encore abondant, mais qui diminuait rapidement à mesure que les colonies blanches augmentaient. En plus de chasser et de pêcher, les Indiens industrieux ajoutaient à leur confort en fabriquant des paniers, des balais, des manches de haches, des houes et des articles similaires, qu'ils vendaient aux colons amicaux contre de la nourriture et des vêtements. Ceux qui laissaient tranquilles l'eau du feu et étaient travailleurs pouvaient ainsi vivre confortablement.

À ces Indiens de leurs réserves, l'Évangile était proclamé par les missionnaires dévoués, alors qu'ils parcouraient leurs pénibles tournées. Ces visites n'ont pas été faites en vain. Beaucoup de ces enfants de la forêt, malades et insatisfaits de leur vieux paganisme qui ne donnait aucune paix à leurs esprits troublés, reçurent volontiers la vérité et devinrent des chrétiens sérieux et cohérents. Leur vie pieuse était, dans de nombreux endroits, un reproche constant aux incohérences et aux péchés de leurs voisins blancs. À de rares intervalles au cours de mon enfance, j'ai eu le grand privilège d'être autorisé à accompagner mon père dans certains campements indiens qui n'étaient pas très loin de notre maison. Je me souviens bien des douces voix plaintives des Indiens, alors qu'ils chantaient certains des nos hymnes qui avaient été traduits dans leur langue. Leur attitude pieuse et attentive lors des offices religieux m'a profondément impressionné. C'était toujours un grand plaisir de leur rendre visite dans leurs wigwams, de voir les jeunes faire leurs sports et les plus âgés à leur travail : construire des canoës ou confectionner des paniers.

Dans ma curiosité d'enfant, je n'ai pas limité mes promenades aux seuls Indiens chrétiens ; mais, comme tous étaient très amicaux, j'errais dans les campements jusqu'aux différents wigwams, pour voir ce que je pouvais de nouveau et d'intéressant. Etant connu comme le fils du Manteau Noir — car c'était ainsi que le missionnaire était désigné par la tribu —, j'étais toujours accueilli dans les wigwams et on me donnait une place dans le cercle autour du feu.

Dans un wigwam, l'incident caractéristique suivant s'est produit et a fait une profonde impression dans mon esprit. Assis par terre se trouvaient les représentants de trois générations, toutes, à l'exception du vieux grand-père, occupées à des travaux, principalement à la vannerie. C'était un vieil homme à l'allure patriarcale et, à mes yeux de jeunesse, alors qu'il était assis là sur sa couverture, fumant sa longue pipe, il semblait absorbé dans ses pensées, ne faisant attention ni à moi ni à personne d'autre.

Le plus jeune de la compagnie, et celui qui a naturellement attiré mon attention, était un jeune garçon à peu près de mon âge. Il était occupé à manier un couteau indien tordu, essayant de fabriquer une flèche. Dans son désir de réussir, il a laissé glisser son couteau et, malheureusement, s'est gravement coupé. A la vue du sang, qui coulait à flots, car la blessure était vilaine, le garçon poussa un hurlement de douleur et d'alarme, qui effraya grandement ses stoïques parents. Le soulagement fut rapidement apporté, la coupure recouverte de baume et attachée dans un morceau de peau de cerf. Le garçon ne reçut pas un seul mot de sympathie ; mais au contraire, de presque tous les participants au wigwam s'élevèrent un chœur d'indignation et de dégoût. Pour eux, c'était une grande honte qu'un membre de leur famille, et lui un garçon de tant d'hivers, puisse hurler et pleurer ainsi, pour une blessure aussi insignifiante.

Comme les autres familles se moqueraient d'eux en apprenant cela ! Il sembla pendant un certain temps qu'ils allaient le punir sévèrement, non pas pour sa maladresse à manipuler son couteau, mais parce qu'il ne contrôlait pas ses sentiments et ne traitait pas la blessure et la douleur avec une totale indifférence.

Le vieux grand-père surtout était profondément ému et indigné de la conduite si indigne de son petit-fils, auquel évidemment il était profondément attaché.

Les Indiens punissent très rarement leurs enfants. Chez les garçons surtout, la verge est rarement utilisée. Les filles des familles païennes vivent souvent des moments difficiles, étant fréquemment frappées et battues ; mais les garçons s'échappent généralement, même s'ils méritent amplement une punition. Mais il s'agissait ici d'un cas très grave. Le garçon avait commis un crime en criant suite à une coupure ordinaire à la main, infligée par lui-même. Il ne faudrait jamais laisser passer ça. Il faut donner au garçon une leçon qu'il n'oubliera jamais. Et c'est ainsi que cela a été fait, à mon grand étonnement, par son vieux grand-père.

Plaçant près de lui le garçon, qui visiblement se sentait maintenant très coupable, il lui fit un exposé sur le devoir de supporter la douleur, sans pousser un cri ni même un gémissement. Alors le vieil homme, qui avait été un grand guerrier dans sa jeunesse, lui dit que s'il n'était pas plus courageux que cela, il ne deviendrait jamais un brave guerrier ni un bon chasseur ; et que s'il n'était pas capable de contrôler ses sentiments et de ne jamais crier quoi qu'il arrive, ils ne pourraient jamais le respecter plus qu'ils ne le feraient pour une vieille grand-mère.

Pendant que le vieil homme lui parlait avec enthousiasme, complètement sorti de son calme habituel, il ralluma le feu qui s'était en partie éteint. Quand, grâce à l'ajout de bois très sec, il brûlait très vigoureusement, il se tourna de nouveau rapidement vers son petit-fils et, parlant d'une voix aiguë et excitée, dit : « Voyez ici ! Regardez-moi! C'est ainsi qu'un brave guerrier doit supporter la douleur ! Puis, à ma grande horreur, il a soudainement tendu la main et, tenant un doigt dans la flamme, l'a maintenu là jusqu'à ce qu'il soit terriblement brûlé.

Durant cette épreuve écoeurante, pas un muscle du visage du vieillard ne frémit ; pas un gémissement ne s'échappait de ses lèvres fermement serrées. A en juger par son apparence, c'était peut-être un bâton qu'il brûlait. Lorsqu'il retira enfin le doigt croustillant et brûlé de sa main désormais couverte d'ampoules, il le tendit vers son petit-fils et lui donna une autre conférence, lui disant entre autres choses que s'il espérait un jour être grand ou honoré parmi son peuple, il devait entendre douleur sans broncher ni pousser un cri.

Chapitre dix.

L'Indien honnête ; ou, Venison pour Pemmican.

Il y a des années, les missionnaires vivant dans la partie nord de ce qu'on appelait alors les territoires de la Baie d'Hudson étaient souvent si éloignés de la civilisation qu'ils étaient obligés de dépendre principalement du poisson et du gibier pour leur subsistance. Ainsi, en période de disette, ils saluaient l'arrivée d'un chasseur qui arrivait avec beaucoup de gibier.

Par une froide journée d'hiver, un homme de cette description est apparu à notre mission. C'était un bon Indien fidèle et, à la manière tranquille de son peuple, il entra dans notre cuisine sans frapper. Détachant de son dos un beau cuissot de chevreuil, il le jeta sur la table. Comme nos réserves de nourriture étaient très limitées à l'époque – car nous ne prenions en moyenne que deux bons repas par jour – j'étais heureux de voir cet ajout bienvenu ; et ainsi, après l'avoir cordialement salué, je lui dis :

" Que dois-je vous donner pour ce gibier ? "

«Je ne veux rien en échange, car il vous appartient», fut sa réponse.

"Vous devez vous tromper," répondis-je, "car je ne vous ai jamais vu auparavant et je n'ai eu aucun rapport avec vous."

"Oh, mais il t'appartient et je ne veux rien de plus en échange", a-t-il insisté.

«Excusez-moi», dis-je, «mais vous *devez* me laisser vous payer pour cela. Nous sommes très heureux de l'avoir, car il y a peu de nourriture dans la maison ; mais nous avons ici pour règle de payer les Indiens pour tout ce que nous recevons d'eux.

La raison pour laquelle nous en sommes arrivés à cette détermination, c'est parce que nous avions découvert par une expérience assez chère, comme nous présumons que d'autres missionnaires dans des domaines similaires l'ont fait, que les indigènes ont l'idée que le missionnaire est riche, ou qu'il est soutenu par de riches des églises; et, avec des ressources illimitées à sa disposition, est capable de faire de gros dons en échange de moindres cadeaux reçus. Quelques lapins ou quelques canards seraient offerts avec beaucoup de politesse au missionnaire ou à sa femme. Alors le donateur, souvent accompagné de sa femme et de plusieurs enfants, restait dîner et, selon toute probabilité, mangeait la plus grande partie du don. Bien sûr, il fallait les inviter à souper, et ils avaient un appétit formidable. Comme ils attendaient encore l'heure du coucher, le missionnaire fut enfin obligé de laisser entendre qu'il pensait qu'ils feraient mieux d'aller voir si leur wigwam était là où ils l'avaient laissé le matin. Cela mettait généralement les choses en crise, et l'homme disait : « Depuis que nous sommes arrivés, nous n'attendons que le cadeau que vous allez nous faire pour celui que nous vous avons fait.

Alors qu'ils se contentaient de vendre à un prix raisonnable les diverses choses qu'ils pouvaient fournir pour nos besoins, cependant, si un cadeau était accepté, ils s'attendaient à quelque chose de plusieurs fois sa valeur. Si cela avait continué, nous aurions été rapidement laissés sans rien dans la maison. C'est pourquoi, peu de semaines avant l'arrivée de cet étrange Indien avec la venaison, par mesure de précaution, nous avions pris pour règle de ne plus recevoir de cadeaux des Indiens ; mais que pour tout ce dont nous avions besoin, comme la viande, le poisson ou les mocassins, il devait y avoir un juste prix convenu d'un commun accord. Pourtant, malgré tout cela, un Indien vaillant insistait pour que je reçoive gratuitement une cuisse de venaison. À en juger par certaines expériences passées, j'avais peur que si je l'acceptais comme cadeau, cela me mènerait à la faillite. Alors je lui ai encore dit :

"Vous devez me laisser vous payer pour ça."

"Non, non," répondit-il énergiquement. «Je ne prends aucun salaire. Il vous appartient."

« Comment comprenez-vous cela ? » M'enquis-je, plus perplexe que jamais.

Puis il m'a donné son explication, qui m'a profondément intéressé et qui, j'en suis sûr, intéressera aussi mes lecteurs.

Tout d'abord, il a commencé par me poser quelques questions :

« Avez-vous fait un voyage avec votre guide et vos chauffeurs de chiens à Burntwood River l'hiver dernier ?

"Oui, je l'ai fait", fut ma réponse.

"Et vos traîneaux à chiens n'étaient-ils pas lourdement chargés ?"

"Oui," répondis-je.

"Et n'y a-t-il pas eu une forte chute de neige suivie d'un blizzard qui, comme vous n'aviez aucune trace dans la neige épaisse, a rendu le voyage très difficile ?"

"Tout à fait vrai", répondis-je, car tout s'était passé exactement au moment où il le décrivait. "Et n'avez-vous pas, à un certain endroit, fait une cache de quelques-uns de vos pemmicans et d'autres objets lourds, afin d'alléger vos fardeaux, afin que vos chiens puissent faire un meilleur temps ?"

"Oui", répondis-je, car je me souvenais bien de ce long voyage et de la terrible tempête qui rendait presque impossible le voyage à travers la forêt sans piste.

J'avais fait un voyage de plusieurs centaines de kilomètres pour porter l'Évangile à des Indiens encore dans les ténèbres du paganisme. J'ai voyagé avec seize chiens et quatre compagnons indiens, et il n'y avait pas le moindre vestige de route. C'est le seul gros inconvénient ; et tout groupe de chasseurs, de commerçants ou de missionnaires, désireux de voyager avec quelque rapidité, doit envoyer un des leurs devant les trains de chiens pour baliser le chemin avec ses grandes raquettes à neige au fur et à mesure qu'il avance . L'habileté et l'endurance avec lesquelles ce travail est exécuté sont merveilleuses et presque incroyables pour ceux qui n'en ont pas été témoins. Souvent, le pays, pendant des journées entières, est tranquillement monotone, sans aucun élément frappant dans le paysage et sans le moindre signe de pas humain. Les nuages peuvent s'accumuler et couvrir le ciel entier d'un manteau gris sombre, de sorte que l'homme blanc est déconcerté et ne distingue pas le sud du nord, ni l'est de l'ouest. Pourtant, le guide indien continue sans hésitation et avec une précision infaillible.

Alors que nous essayions d'avancer le plus rapidement possible, nous fûmes assaillis par une violente tempête. Les chutes de neige étaient si abondantes que, avec nos lourdes charges, une progression rapide était totalement impossible. Nous avons constaté que nous devions soit alléger nos charges, soit nous contenter de perdre un temps précieux en chemin. Après en avoir discuté avec mes Indiens, nous avons opté pour le premier parcours, et ainsi, une « cache » a été constituée. Un certain nombre des objets les plus lourds étaient attachés dans de grandes couvertures, quelques jeunes arbres pliés par les hommes vaillants et les paquets attachés dans leurs sommets. Une fois lâchés, les jeunes arbres surgissaient et maintenaient ainsi leur charge si haut au-dessus du sol qu'ils étaient à l'abri des loups ou des carcajous qui rôdaient. Ce plan est beaucoup plus sûr que celui qui consiste à utiliser de grands arbres, car de nombreux animaux sauvages peuvent grimper sur ces derniers et la « cache » ne serait pas très utile.

Avec des traîneaux allégés – bien que certaines des choses laissées sur place aient malheureusement manqué – nous nous sommes dépêchés et, au bout de quelques jours, nous sommes arrivés à destination. Nous trouvâmes la majorité des Indiens heureux de nous voir et désireux d'être instruits dans les voies du grand Livre. Ils étaient mécontents des voies de leurs pères et avaient perdu toute confiance en leurs prestidigitateurs. Ils écoutaient donc avec une grande attention ce que nous avions à raconter sur l'Évangile du Fils de Dieu.

Pendant que nous étions ainsi occupés à nos devoirs missionnaires, des blizzards faisaient rage dans ce froid nord ; de sorte que lorsque nous commençâmes le long voyage de retour, nous ne découvrîmes que peu de traces du sentier que nos raquettes et nos trains à chiens avaient tracé peu de temps auparavant. Cependant, mon guide était très intelligent et mes splendides chiens très sagaces, nous sommes donc rentrés chez nous presque entièrement par le même itinéraire, même si le chemin d'origine était profondément enfoui sous la neige.

L'endroit où avait été faite notre cache fut dûment atteint ; et nous étions assez heureux d'obtenir les provisions supplémentaires qu'il contenait, car nous manquions de vivres depuis un certain temps. Les bras puissants de mes Indiens courbèrent bientôt les jeunes arbres, détachèrent les fagots et les envoyèrent aux différents traîneaux à chiens. À ma grande surprise, j'ai remarqué qu'à l'un des paquets – l'article le plus lourd dans lequel était un morceau de pemmican pesant peut-être cinquante ou soixante livres – mes hommes parlaient et gesticulaient avec le plus grand sérieux. En réponse à mes questions, ils me dirent que ce paquet avait été démonté pendant notre absence et qu'un morceau de pemmican avait été coupé et emporté.

"Absurdité!" J'ai répondu. « Vous vous trompez sûrement. Il me semble qu'il était tel qu'il était lorsque nous l'avons installé. Et puis il n'y avait pas ici le moindre vestige de trace à notre retour.

Cependant, malgré mes protestations, mes hommes étaient convaincus qu'un étranger avait emporté du pemmican et que le blizzard avait effacé les traces. Après un peu plus de discussion, l'affaire fut abandonnée et après un bon repas nous repartîmes.

Quelques mois plus tard, arriva cet étrange Indien avec le gibier et son histoire, que nous allons maintenant le laisser terminer :

« J'étais en train de chasser dans ces forêts que vous avez traversées : car ce sont mes terrains de chasse. J'ai trouvé la trace d'un élan et je l'ai suivi longtemps, mais je n'ai pas réussi à tirer. J'ai eu peu de succès lors de ce voyage de chasse. Pendant quelques jours, je n'ai rien tiré et j'ai eu très faim. En traversant les bois, je suis tombé sur votre sentier et j'ai vu votre cache. Alors quand j'ai vu que c'était la cache du missionnaire, l'ami de l'Indien, j'étais content, et je me suis dit. S'il était là et savait que j'avais faim, il dirait : « Aidez-vous » : et c'est exactement ce que j'ai fait. J'ai arraché un jeune arbre et, en ouvrant le paquet, j'ai coupé un morceau de pemmican – juste assez pour me sentir à l'aise sous ma ceinture jusqu'à ce que je puisse atteindre mon wigwam, au loin. Ensuite, j'ai attaché le paquet, je l'ai attaché à la cime de l'arbre et je l'ai laissé se balancer à nouveau. Et maintenant, je vous ai apporté ce gibier, pour payer le pemmican que j'ai pris.

Honnête homme! Il avait porté le cuissard de chevreuil sur son dos, sur une distance d'environ soixante milles.

Bien sûr, j'étais ravi et, tout en le félicitant pour son honnêteté, je lui ai demandé comment il savait que c'était mon groupe qui avait fait la cache, plutôt qu'un groupe de chasseurs indiens.

Sans aucune hésitation, il a répondu : « Oh, j'ai vu tes traces de raquettes dans la neige. »

"Impossible!" J'ai répondu; "car les raquettes utilisées par toute la fête étaient fabriquées par Sandy, mon garçon indien, et étaient toutes d'un même modèle."

"Ça n'a pas d'importance", répondit-il, tandis que ses yeux pétillaient d'amusement. « Les raquettes, ça va, mais je voyais tes traces tout le temps. Quand un Indien marche, il marche avec les orteils rentrés ; quand l'homme blanc marche, il marche avec les orteils dehors. Alors j'ai vu où le missionnaire faisait des traces tout le temps.

Nous l'avons tous considéré comme un Indien intelligent et honnête, et nous nous sommes réjouis que, sous les enseignements fidèles d'un autre missionnaire, cet Indien rouge de la forêt ait été ainsi ancré dans les leçons du sermon sur la montagne.

Chapitre onze.

La justification du sabbat.

Lorsque les missionnaires vont parmi les païens pour prêcher l'Évangile béni du grand Livre, ils doivent nécessairement commencer par les premiers principes. Lorsque de bonnes impressions ont été faites et que les cœurs ont été touchés, alors vient l'instruction religieuse dans des domaines qu'ils ignoraient parfaitement ! et beaucoup de choses qui sont fausses, et souvent très puériles, doivent être désappris.

Pour ces gens, avant l'arrivée du missionnaire, le sabbat était totalement inconnu. Sa prédication les remplit d'abord de perplexité et de trouble. Ils pensaient que cela interférerait avec leurs plans et briserait ainsi leurs arrangements de chasse au point de les mettre dans un besoin absolu. Ils étaient pauvres, même s'ils travaillaient et pêchaient tous les jours ; et renoncer à un jour sur sept, sans tirer avec un fusil, ni tendre un filet, que deviendraient-ils ! Ainsi argumentaient certains Indiens.

Fidèlement et avec amour, les missionnaires leur présentaient les commandements de Dieu, ajoutant des promesses de bénédictions aux obéissants. Le Livre lui-même a fait l'objet d'une recherche diligente, et il y avait un grand désir de savoir si des passages tels que celui que nous citons ici se référaient aujourd'hui aux Blancs et aux Indiens : « Si tu détournes ton pied du sabbat, de faire ton plaisir pendant mon jour saint, et appelle le sabbat un délice, le saint du Seigneur, honorable ; et tu ne l'honoreras pas en faisant tes propres voies, ni en trouvant ton propre plaisir, ni en prononçant tes propres paroles, alors tu te réjouiras dans le Seigneur, et Je te ferai monter sur les hauts lieux de la terre, et je te nourrirai de l'héritage de Jacob ton père ; car la bouche du Seigneur l'a dit.

Finalement, sous un enseignement fidèle, aidés par l'Esprit béni, les Indiens chrétiens résolurent de prendre le Livre pour guide et d'observer le jour du sabbat. Aussitôt, les fusils, les arcs et les flèches furent mis de côté, et les filets de pêche furent laissés suspendus au vent pour cette journée-là. Aucun piège n'a été visité, et les haches n'ont pas non plus été levées contre les arbres. Leurs repas simples étaient préparés et mangés, et tous ceux qui pouvaient y assister se retrouvaient dans la maison de Dieu trois fois par sabbat.

Mais voici qu'une opposition farouche surgit d'un côté inattendu. La grande compagnie de traite des fourrures qui avait détenu pendant si longtemps un pouvoir despotique sur le pays, dans sa myopie, craignant une diminution des revenus des chasseurs si un septième du temps devait l'être, comme ils le disaient, passés dans l'oisiveté, se moquaient des actions des missionnaires et, par des pots-de-vin et des menaces, s'efforçaient d'inciter les Indiens à ignorer leurs enseignements sur le sujet.

Lorsque les voyages d'été ont commencé et que les Indiens ont refusé de voyager ou de travailler sur les bateaux le jour du sabbat, l'action de la compagnie s'est transformée en une véritable persécution. Une description de ce « voyage » dans ce grand nord sauvage est nécessaire, afin que nos lecteurs puissent comprendre la position prise par les Indiens observant le sabbat, et ses résultats les plus satisfaisants.

Certains des postes intérieurs de la Compagnie de la Baie d'Hudson sont si éloignés de la côte, qu'il s'écoula sept ans, et parfois plus, avant que les fourrures obtenues pour les marchandises envoyées puissent atteindre le marché de Londres. Les balles de marchandises étaient d'abord expédiées par les navires de l'entreprise jusqu'à l'usine de York, sur la baie d'Hudson. Ensuite, ils étaient emmenés par les excursionnistes indiens dans des bateaux solides pouvant contenir de trois à cinq tonnes. Plusieurs de ces bateaux constituaient une « brigade ». Un capitaine d'ensemble fut nommé et une bonne discipline fut maintenue.

La première brigade transportait les bottes en remontant les rivières, devant souvent passer de nombreux endroits dangereux et faire face à de nombreux risques. Il a fallu beaucoup de prudence et de vigilance et pourtant, malgré tout, des bateaux ont parfois fait naufrage et des vies ont été perdues. La partie la plus difficile du travail était ce qu'on appelait « faire les portages ». Certaines rivières regorgent de chutes et de rapides infranchissables pour les bateaux. Ici les portages sont à faire. Les robustes bateliers rament jusqu'aux rapides aussi près que possible, déchargent leurs cargaisons et les transportent sur leur dos jusqu'à l'endroit choisi, sous l'obstruction de la rivière. Ensuite, les bateaux doivent être tirés à terre et traînés par terre par la force unie des différents équipages jusqu'au même endroit ; les voici à nouveau lancés, et avec des cargaisons à bord, le voyage reprend. Lors de certains de ces voyages, le nombre de portages se monte en chiffres. Il faut traverser de grands lacs où font parfois rage de violentes tempêtes et où les vents contraires soufflent avec une telle fureur que les brigades sont parfois retardées de plusieurs jours.

A Norwegian House, qui fut pendant de nombreuses années le grand dépôt du nord pour les marchandises de la compagnie et le grand centre de distribution pour l'intérieur, cette première brigade échangeait sa cargaison de marchandises contre les balles de riches fourrures qu'une autre brigade, celle-là, échangeait. venus de l'intérieur, peut-être de l'Athabasca ou de la région de la Saskatchewan, qu'ils avaient amenés jusqu'ici en route vers les navires destinés au marché de Londres. Ensuite, cette deuxième brigade reviendrait sur des centaines de kilomètres à l'intérieur ; et, rencontrant une autre brigade venue de régions encore plus éloignées, il échangerait sa cargaison de marchandises avec cette troisième brigade, contre des régions encore plus éloignées. Cela continuait ainsi, jusqu'à ce que certaines balles de marchandises se trouvent à plus de trois mille milles de la côte où elles étaient débarquées ; et les différents postes disposaient de leurs réserves de marchandises pour le commerce des fourrures avec les Indiens. Il s'est donc écoulé des années avant que les marchandises n'atteignent certains endroits ; et les fourrures mirent également des années à atteindre le navire pour l'Angleterre.

Tous ces travaux pénibles étaient effectués par les bateliers indiens, ou « trippers », comme on les appelait. Ils étaient chasseurs de fourrures pendant les mois froids de l'hiver ; mais tant qu'il y avait de l'eau libre, c'est-à-dire pas de glace, ils étaient employés par centaines à rentrer des marchandises et à en rapporter des fourrures.

Le seul ordre despotique délivré à ces brigades par la compagnie était : « Allez ! » Ils affirmaient : L'été sous ces hautes latitudes est court ; nous devons en tirer le meilleur parti. Chaque jour nous le dit, et il ne faut d'ailleurs pas être à la traîne. Le résultat fut que les hommes furent travaillés jusqu'au dernier degré d'endurance. Beaucoup échouèrent à la rame, tandis que d'autres tombèrent sous les lourdes charges des portages difficiles. « Remplissez vite les rangs et continuez », tel était l'ordre. C'était de l'excitation, de la précipitation et de la haute pression, du début jusqu'à la fin de la saison de voyage. Il n'y avait pas de relaxation, pas de sabbat, pas de repos.

Cela semblait une pure folie de la part du missionnaire d'entrer dans un tel état de choses et de dire aux meilleurs hommes de la meilleure brigade : « Nous savons que l'été est court et qu'il est essentiel pour le bien-être de la compagnie et du vôtre. les salaires, que les marchandises seraient prises et que les fourrures seraient sorties. Mais une Puissance supérieure a dit : « Souvenez-vous du jour du sabbat pour le sanctifier, alors quand le samedi soir vous surprend, amarrez vos bateaux, déposez vos rames et reposez-vous dans la tranquillité et la dévotion jusqu'à ce que le jour de Dieu soit terminé. »

La compagnie, dans son aveuglement, fut d'abord stupéfaite, puis furieuse. Perdre un septième du court été, alors que les brigades étaient parfois prises par les glaces, ne suffirait jamais ! Ce fanatisme doit cesser ! Ils menacèrent, ils persécutèrent le missionnaire et les Indiens. Leur monopole dans le pays leur conférait un grand pouvoir qu'ils exerçaient sans pitié. Incapables d'inciter le missionnaire, par des pots-de-vin ou des menaces, à adopter une autre position, ils recoururent à la persécution ; et par des calomnies des plus immondes, il s'efforça de détruire sa réputation et de le chasser du pays.

C'était un homme sage et judicieux, ainsi que courageux ; et, debout à son poste, s'efforça de montrer à ses riches et puissants détracteurs qu'il ne leur arriverait aucun mal si leurs employés se reposaient un jour sur sept. Il déclara courageusement qu'un homme pouvait faire plus de travail en six jours en se reposant le septième qu'en travaillant continuellement ; et il les a mis à l'épreuve.

Au début, cette affirmation, dont la véracité avait été si concluante, fut ridiculisée et méprisée. Cependant, comme le missionnaire et ses Indiens chrétiens restaient fidèles, la compagnie fut obligée de céder jusqu'à envoyer une brigade observant le sabbat, ce qu'elle fit avec beaucoup de craintes et d'inquiétudes. À leur grande surprise, ils firent tout aussi bien leur travail et revinrent plus vite, avec des hommes en meilleure santé que ceux qui ne connaissaient pas de sabbat. La logique du succès réel a finalement triomphé. Toute opposition cessa, et jusqu'au moment où l'ancien ordre de choses prit fin et où les rames cédèrent la place à la vapeur, personne ne fut trouvé assez téméraire pour mettre en doute la capacité des Indiens observants le sabbat à exceller dans le travail de ceux qui le faisaient. n'a pas observé le jour de repos.

J'ai souvent voyagé avec ces Indiens chrétiens, et les sabbats consacrés à ces longs voyages sont des souvenirs doux et heureux. Jusqu'à la dernière heure du samedi où il était possible de voyager en toute sécurité, le voyage se poursuivrait, jusqu'à ce que, dans un port tranquille ou un coude confortable de la rivière, à l'abri des tempêtes soudaines ou des tornades, les bateaux soient solidement amarrés et les cargaisons soigneusement recouvert de toiles cirées. Après un souper cuit sur les rochers, tous se rassemblaient autour du feu de camp pour les dévotions du soir. Un hymne serait chanté, un chapitre du bon livre lu et une prière offerte par un ou deux membres de la compagnie. Le sabbat se déroulerait dans le calme et le repos, avec au moins deux offices simples et impressionnants. Le lundi, aux premières lueurs du jour, nous étions debout, et, après un repas précipité et une prière, le voyage reprenait avec une vigueur renouvelée.

C'est ainsi que le sabbat fut introduit parmi les Indiens du nord.

Chapitre douze.

Dieu plus puissant que le conjurateur.

La belle histoire suivante mérite une place parmi les très nombreuses vraies réponses à la prière. Le Seigneur dit encore à ses disciples : « Je vais encore demander cela à la maison d'Israël, pour le faire pour eux. »

Nos convertis indiens croient en Dieu. Avec une foi simple et enfantine, ils le prennent au mot. Un de nos Indiens, lors de son baptême, reçut le nom anglais d'Edmund Stephenson. C'était un chrétien sincère et simple. Sa religion le rendait travailleur, et ainsi, grâce à sa chasse et à sa pêche assidues, il subvenait confortablement aux besoins de sa femme et de ses deux petits enfants.

Un soir, vers le milieu d'octobre dernier, il a quitté sa famille dans sa petite maison de Norwegian House et a commencé à remonter une rivière rapide pour rendre visite à certains de ses proches, qui vivaient à plusieurs kilomètres de là. Dans ces hautes latitudes, l'hiver froid s'installe si tôt que la rivière est déjà recouverte de glace. Pour rendre le voyage beaucoup plus rapide, il a chaussé ses patins et, lorsqu'il a été vu pour la dernière fois, il s'éloignait à toute vitesse au crépuscule du soir.

Il ne revint pas le lendemain comme il l'avait promis, et sa famille, alarmée, envoya un messager indien pour s'enquérir de la raison. À sa grande surprise, il fut informé par ses amis qu'Edmund ne leur avait pas rendu visite et qu'ils ne savaient pas où il se trouvait. Lorsque cette nouvelle fut rapportée, l'inquiétude fut grande et une équipe de recherche fut rapidement organisée. Depuis l'endroit où il fut vu vivant pour la dernière fois, ils examinèrent soigneusement la glace et, peu de temps après, découvrirent la preuve la plus concluante que le pauvre homme s'était noyé.

Sur une partie de la rivière où le courant est très rapide, ils découvrirent que la glace avait été percée ; et bien que tout fût à nouveau fermement gelé, ils découvrirent néanmoins dans la masse congelée l'un des gants en peau de cerf d'Edmond, un bouton de son manteau et d'autres preuves qu'il était ici tombé à travers la glace et qu'il avait fait un grand voyage. effort désespéré pour s'échapper. Comme il faisait presque nuit lorsque les chercheurs firent ces découvertes quant au lieu et aux modalités de sa mort, ils furent obligés de s'en contenter et de remettre au lendemain la recherche du corps.

Tôt le lendemain matin, ils se mirent au travail avec diligence. Comme il était tombé beaucoup de neige depuis la veille au soir, ils furent très gênés dans leurs efforts ; et, bien qu'un grand nombre d'hommes, armés de pelles à neige, de haches et de grappins, cherchèrent soigneusement les restes en de nombreux endroits, plusieurs jours s'écoulèrent, et leurs efforts restèrent toujours sans succès.

Parmi les chercheurs se trouvaient des Indiens qui croyaient encore aux compétences et aux pouvoirs surnaturels des prestidigitateurs ou guérisseurs. Ceux-ci, découragés dans leurs efforts, résolurent de consulter un de ces vieillards, alors ils dirent :

"Allons consulter le vieux Kwaskacarpo, et demandons-lui de nous conjurer et de nous dire où trouver le corps."

Les Indiens chrétiens protestèrent contre cette mesure et essayèrent de les en dissuader ; mais en vain ils furent si découragés dans leurs efforts. Ils apportèrent donc du thé et du tabac au prestidigitateur et lui révélèrent le but de leur venue. En réponse à leurs souhaits et en échange de leurs cadeaux, il emporta son tambour sacré et son sac de médecine dans la tente, tambourina bruyamment jusqu'à ce qu'il s'excite dans une sorte de frénésie ou de délire, puis leur indiqua où couper le de la glace et de la traînée pour le corps de leur camarade mort.

Lorsque les Indiens chrétiens apprirent que ces autres étaient allés demander de l'aide au prestidigitateur, ils furent très attristés. L'un d'eux en particulier, un grand vieillard du nom de Thomas Mustagan, était très déprimé. Tout en ressentant profondément la perte d'Edmond, il fut très blessé quand la nouvelle lui parvint que certains des chercheurs, au lieu de s'adresser à Dieu dans leur perplexité et leur difficulté, avaient, comme le roi Saül, eu recours à des agences aussi contestables.

A peine eut-il reçu cette nouvelle qu'il résolut d'adopter une conduite bien différente. Faire cuisiner à sa femme une certaine quantité de nourriture ; il l'emporta, avec quelques bouilloires de thé, jusqu'à un endroit sur le rivage, près de l'endroit où les hommes recherchaient diligemment le corps.

Enlevant la neige, il fit du feu ; et, lorsque le thé fut préparé, il appela les hommes affamés et presque découragés autour de lui, et leur fit manger sa nourriture et boire son thé. Puis il leur parla du seul Dieu vivant et vrai, et de sa puissance d'entendre et d'exaucer les prières. Il parla de la folie et de la méchanceté de ceux qui, ayant entendu parler de lui, étaient allés consulter le méchant vieux prestidigitateur. « Allons vers ce Dieu que nos missionnaires nous ont enseigné. C'est lui qui nous aide dans nos difficultés.

Avec les gens tout autour de lui, il s'est agenouillé dans la neige et a demandé avec ferveur et révérence à Dieu de les entendre et de les aider dans leur chagrin et leur perplexité. Il a prié pour que la sagesse leur soit donnée, afin qu'ils puissent retrouver le corps de leur cher ami gisant quelque part dans cette rivière froide ; afin qu'ils puissent le récupérer et l'enterrer dans le petit cimetière de leur village. Il a demandé très sincèrement à Dieu de réconforter la pauvre veuve affligée et les petits enfants sans défense. Ainsi, avec une foi croyante, ce vénérable vieil Indien, qui avait vécu plus de quatre-vingts hivers, invoqua Dieu.

Lorsqu'ils se levèrent de leurs genoux, il dit : « Maintenant, confiants en Dieu pour nous répondre, mettons-nous au travail. »

En raison de la quantité de neige tombée sur la glace, ils durent d'abord la gratter, puis faire appel à leur jugement pour savoir où couper la glace et tirer pour le corps. Bien que Thomas fût un homme très âgé, il semblait maintenant le plus alerte et le plus actif du groupe. D'un commun accord, il fut chargé du parti des Indiens chrétiens, qui travaillaient désormais avec diligence sous sa direction.

Entre-temps, le vieux prestidigitateur Kwaskacarpo, d'une voix confiante, dit à ses disciples qu'il avait conjuré, et la réponse fut qu'ils devaient couper la glace à un certain endroit désigné.

Ne prêtant aucune attention à lui ou à son groupe, les Indiens chrétiens s'éloignèrent et, aussi vite que la glace fut débarrassée de la neige, Thomas regarda à travers du mieux qu'il pouvait.

Tout à coup, il se leva rapidement d'une tache de glace semi-transparente qu'il avait soigneusement examinée, et appelant les hommes avec les haches et les ciseaux à glace, il dit :

"Essayez ici."

Bientôt, ils firent percer un grand trou, les grappins furent utilisés, et là, à des centaines de mètres de l'endroit où le prestidigitateur avait ordonné à ses partisans de le chercher, le corps fut retrouvé.

Thomas, en fouillant attentivement la glace, avait aperçu à cet endroit sous la surface une quantité de bulles d'air. L'idée lui vint qu'ici le corps s'était reposé et que le dernier air des poumons s'était échappé et avait formé ces bulles. Il avait demandé la sagesse et la direction divine et il n'a pas été déçu, car moins d'une heure après que ces pieux Indiens se soient agenouillés pour prier sincèrement, le corps de leur camarade était emporté chez lui, et de là jusqu'à sa maison. dernier lieu de repos dans le « God's Acre » du petit village chrétien.

Chapitre treize.

Betsy, l'épouse indienne.

Ce n'était pas une mauvaise femme, mais elle avait un visage si triste qui ne semblait jamais avoir un sourire. Mme Young et moi l'avions remarqué et nous en avions parlé. Elle s'appelait Betsy. Elle était l'épouse d'un Indien qui s'appelait Atenou, mais qui, lors de son baptême, avait, comme la plupart de ses compatriotes, demandé qu'on lui ajoute un nom anglais, et on l'appelait ainsi Robert Atenou. Son passé semblait être celui d'un Indien tranquille et travailleur, qui pêchait et chassait comme les autres, et ne causait de problèmes à personne. Comme lui, comme beaucoup de ses gens, était doué d'une grande facilité d'expression, et était très fidèle dans sa participation à tous les services religieux, et semblait vivre une vie pieuse, on lui avait donné un poste officiel dans l'église. , ce qu'il a beaucoup apprécié.

On a cependant remarqué que l'avancement de Robert dans l'Église ne semblait pas dissiper le nuage qui était sur le visage de sa femme. Alors que les autres femmes étaient si brillantes, heureuses et reconnaissantes du changement que le christianisme avait apporté dans leur vie, et n'hésitaient parfois pas à en parler, elle constituait une exception très marquée.

Ne voulant pas nous mêler de ses affaires, bien que perplexes, nous fûmes obligés de rester pendant un certain temps dans l'ignorance et ne pouvions que conjecturer quant à la cause.

La preuve la plus merveilleuse et la plus frappante de la bénédiction de l'Évangile, à côté de sa puissance divine dans le salut de l'âme, réside peut-être dans la manière glorieuse avec laquelle il élève les femmes. La condition des femmes dans les pays non touchés par les influences bénies du christianisme est en effet triste. Celui dont l'amour merveilleux et tendre pour sa mère et pour les bonnes femmes qui le servaient, s'est si manifesté lorsqu'il marchait sur notre terre, est toujours Jésus. Et partout où son nom est proclamé avec succès et où les cœurs s'ouvrent pour le recevoir, il y a immédiatement une glorieuse élévation de la femme d'une condition d'infériorité et de dégradation vers une condition où elle est honorée et respectée.

Les tribus indiennes du nord de ce continent, bien que peu guerrières, ou très habituées à s'en prendre au scalp de leurs ennemis, ont commis d'autres crimes et péchés, qui montraient qu'elles étaient déchues et pécheresses, et qu'elles avaient grand besoin de l'Évangile. Parmi les défauts et les méchancetés des hommes, il y avait le mépris et la cruauté presque universelle envers les femmes. Si un homme parlait ou agissait avec gentillesse envers sa femme, sa mère ou sa fille, cela était considéré par elles comme un signe de faiblesse et d'effémination. Être dur et froid envers les femmes était censé être l'un des signes de l'Indien idéal vers lequel elles s'efforçaient toujours. Tout travail manuel, à l'exception de la chasse et de la pêche, était considéré comme dégradant de être confié aux femmes, et certaines, dans la mesure du possible, leur laissaient même la pêche. Là où il n'y avait pas de guerres tribales, l'Indien parfait n'était que le grand chasseur. Et chez le grand chasseur, son œuvre s'arrêtait lorsque le gibier était tué. S'il était possible d'envoyer sa femme ou sa mère à l'endroit où gisait l'animal que sa flèche ou son fusil avait abattu, il dédaignerait de le porter ou de le ramener au camp. Il avait tué l'ours, ou l'élan, ou le renne, ou n'importe quel animal, et maintenant c'était le travail de la femme de l'emmener au wigwam et de lui préparer le plus rapidement possible son repas. Ainsi, nous avons vu le grand chasseur à six pieds entrer dans le village avec son fusil sur l'épaule, tandis que la pauvre mère, ou épouse, ou fille, arrivait en traînant les pieds, presque écrasée par le poids du gibier sur elle. dos. Il portait le pistolet, elle était le gibier.

Alors, même si elle était fatiguée par ce lourd fardeau, elle n'avait pas le temps de se reposer. Avec un « kinipe » rapide et dur (dépêchez-vous) ; elle fut bientôt au travail. La peau était rapidement et habilement enlevée, et une partie de la viande savoureuse était cuite et placée devant son mari ou son fils. Il ne lui serait pas permis d'en goûter une seule bouchée avant que le despote ait fini tranquillement, si ce n'était pour cueillir quelques-uns des os qu'il lui jetait avec condescendance, tandis qu'elle était assise à l'écart avec les filles et les chiens. Ainsi, elle était traitée comme une esclave, une corvée ou une bête de somme. Puis, lorsque la maladie ou la vieillesse survenaient, et qu'elle devenait incapable de travailler, de peiner et d'être esclave, elle était sans pitié mise hors de l'existence : la méthode habituelle étant l'étranglement.

Telle était la triste condition des femmes dans diverses parties de ce grand continent avant que l'Évangile n'atteigne les tribus indiennes. Très merveilleuses et très frappantes ont été les transformations dont nous avons été témoins chez ceux vers qui nous étions allés avec la vérité. En certains endroits, nous avons été témoins de changements opérés par les travaux des hommes dignes qui nous avaient précédés ; dans d'autres endroits, il nous était permis à la fois de semer la graine et de voir la glorieuse récolte.

Même si, du point de vue de l'homme blanc, les gens d'ici étaient pauvres, les petites maisons où se trouvaient les disciples du Seigneur Jésus étaient des foyers de bonheur et l'esprit de bonté et d'affection prévalait partout. Là-bas, les hommes et les femmes vivaient sur un pied d'égalité. Les hommes ne mangeaient plus seuls et du meilleur du gibier et du poisson, mais tous ensemble, hommes et femmes, garçons et filles, comme une seule famille aimante, partageaient proportionnellement ce qui avait été obtenu. Le résultat fut qu'il régnait dans notre village missionnaire un esprit de contentement et de bonheur très gratifiant.

Cependant, au milieu de ces visages heureux et de ces notes d'action de grâce, il y avait ce visage triste et cette langue silencieuse. Quelle en était la cause ? La vérité éclata enfin, et d'une manière presque dramatique.

Mme Young et moi étions un jour occupés à nos tâches routinières, lorsque Betsy entra chez nous et, prenant à peine le temps de faire le salut habituel du matin, s'exclama d'une manière très décidée : « Robert n'est pas gentil avec moi et ne me traite pas comme les autres hommes, qui prétendent être chrétiens, traitent leurs femmes. »

Cette remarque forte et emphatique nous surprit et nous donna immédiatement la clé de la cause de ce visage triste. Au début, nous savions à peine comment répondre à une déclaration aussi catégorique, et nous attendions donc en silence qu'elle continue. Mais elle restait là, tranquillement, le visage presque caché dans son châle noir, semblant avoir peur d'aller plus loin. Nous avons donc dû enfin rompre le silence gênant, en disant que nous étions très désolés d'entendre ses paroles et que nous ne pouvions pas en comprendre le sens, car Robert semblait être un homme très bon et un chrétien sérieux.

Cela la fit aussitôt rompre son silence, et se tournant vers moi, elle dit :

"Oui c'est ça. S'il ne prétendait pas être chrétien, cela ne me dérangerait pas et je le supporterais en silence ; mais il *prétend* être chrétien et ne me traite pas de la même manière que les autres chrétiens traitent leurs femmes.

Puis elle s'est calmée et nous a raconté très simplement son histoire, qui était la suivante :

« Quand Robert sort et tue un cerf, il est vrai qu'il ne revient pas chez lui avec le fusil sur l'épaule et ne me fait pas suivre sa piste et rapporter le gibier ; il l'apporte lui-même, comme les autres Indiens chrétiens ; mais quand on l'apporte, il me le fait écorcher ; puis il emmène les deux hanches au fort et les échange là avec les marchands de fourrures contre de la farine, du thé et du sucre qu'il rapporte à la maison. Je dois lui cuisiner une avant-épaule de cerf, faire des gâteaux au feu, avec sa farine, puis quand le thé est prêt et que le souper est prêt, m'asseoir et le surveiller, ainsi que nos garçons et tous les hommes visiteurs. ceux qui se trouvent là - et un certain nombre sont généralement là à ce moment-là - mangent jusqu'à ce que tout soit consommé. Il ne me donne jamais aucune de ces bonnes choses, ni aux filles. Nous devons sortir en canot et, avec un filet, attraper du poisson pour nous nourrir. Et pourtant, ajouta-t-elle avec quelque amertume, il se dit chrétien ; et nous traite ainsi, comme s'il n'avait jamais entendu le missionnaire.

Bien sûr, nous étions tous deux indignés lorsqu'elle racontait son histoire, et n'avons pas tardé à lui faire part de notre mécontentement parce qu'elle avait été ainsi traitée. Mais comme une épouse et une femme, quand j'ai dit :

« Robert en entendra parler et sera redressé sur-le-champ », ses craintes étaient éveillées, et il semblait qu'elle était maintenant effrayée par ce qu'elle avait dit. Cependant, il n'y avait pas beaucoup de difficulté à apaiser ses craintes, même si au début il semblait qu'elle allait se précipiter hors de la maison, retourner dans sa tente et se soumettre à une vie humiliante qui, à son avis, n'aurait pas dû durer aussi longtemps.

Après une petite consultation avec Mme Young, notre plan d'action a été convenu. Il s'agissait de garder Betsy à la maison de mission jusqu'à ce que j'aie rassemblé dans l'église un certain nombre de chrétiens âgés ; et plus tard Robert, dont nous avons appris par sa femme qu'il se trouvait alors dans sa tente, devait être convoqué.

Mais il me fallut peu de temps pour rassembler les hommes que je souhaitais, car la plupart des gens étaient alors chez eux. Ils étaient complètement dans l'ignorance quant au but pour lequel je les avais convoqués. Quand dans l'église. J'ai demandé à Mme Young et Betsy de nous rejoindre. La pauvre Betsy était maintenant si effrayée qu'il semblait que, comme un cerf effrayé, elle allait courir vers les bois. Pourtant, elle était entre de bonnes mains. Mme Young lui adressa des paroles apaisantes et la réconforta beaucoup en lui disant que ce qu'elle avait fait en nous racontant ses torts était parfaitement juste et que très bientôt tout serait éclairci.

Peu de temps après que les deux femmes soient entrées et aient pris place ensemble, Robert, pour qui j'avais envoyé deux hommes, est entré.

Au début, il fut très surpris de cette réunion, et surtout perplexe et perplexe de voir sa femme assise là à côté de la femme du missionnaire. Avant qu'il puisse dire quoi que ce soit, je lui ai indiqué un siège où il serait bien en vue de ses frères Indiens, et pourtant, où sa présence n'intimiderait ni n'écraserait sa femme. Peu de temps après, j'ai verrouillé la porte de l'église et j'ai dit :

"Nous laisse prier."

Après la prière, je me tournai vers Betsy et lui dis :

« Maintenant, Betsy, si ce que vous avez dit à Mme Young et à moi dans la maison de mission est vrai, et je crois que c'est le cas, je veux maintenant que vous racontiez à nouveau l'histoire afin que ces hommes chrétiens puissent l'entendre. Peu importe la présence de Robert ici ; s'il est chrétien, comme il le prétend, l'entendre lui fera, je l'espère, du bien.

Les visages de ces Indiens étaient des études. Personne ne savait, pas même Robert lui-même, ce que Betsy avait à dire ; et ainsi ils attendirent avec étonnement d'entendre son histoire.

Avec un mot encourageant de Mme Young, elle commença : et bien qu'au début elle fût timide et nerveuse, elle reprit bientôt son sang-froid et raconta d'une manière tout à fait naturelle l'histoire du traitement qu'elle et les filles avaient reçu de la part de son mari. Avec une insistance renouvelée, elle s'attardait sur ce qui semblait lui avoir causé le plus de chagrin ? « S'il ne s'était pas autant déclaré chrétien, cela ne m'aurait pas tellement dérangé. »

Les Indiens sont les meilleurs auditeurs du monde. Ils n'interrompent jamais personne dans son discours. Et ainsi, même Robert, qui au début était simplement abasourdi et étonné, s'est maîtrisé et a gardé le silence. Très peu d'hommes blancs auraient pu le faire. Je l'avais volontairement placé de telle sorte que s'il avait soudainement tenté de faire violence, des hommes plus forts auraient pu le retenir instantanément. Mais rien de tel n'a été tenté. Alors que sa femme continuait, montrant la différence entre sa conduite envers elle et leurs filles, et celle des autres hommes chrétiens envers leurs femmes et leurs filles, la tête de Robert descendit de plus en plus bas, jusqu'à ce qu'il restât assis, humilié et déshonoré devant son frères. Quand Betsy eut fini son discours et s'assit, je me tournai vers les bons hommes rassemblés et dis simplement :

« Que pensez-vous d'une telle conduite de la part de quelqu'un qui se dit chrétien ?

Leur indignation ne connaissait aucune limite. Comme les Indiens, ils avaient laissé Betsy raconter toute son histoire sans aucune interruption ; mais l'expression de leurs visages à mesure qu'elle avançait montrait à quel point ils étaient profondément affectés. Maintenant qu'ils avaient entendu son histoire, il semblait qu'ils voulaient tous parler en même temps ; mais il y a parmi eux des règles de préséance bien comprises, bien que non écrites, ainsi le premier parla dans l'ordre, puis le deuxième, puis le troisième, et ainsi de suite.

Comme ils ont déguisé ce pauvre garçon ! Même si c'était très sévère, c'était chrétien et fraternel. Ils parlaient comme des hommes affligés et blessés.

« Est-ce ainsi que vous avez agi ! Vous, Robert Atenou, qui depuis si longtemps vous déclarez chrétien ; vous, de traiter ainsi votre pauvre femme et vos enfants ; comme si aucune Bible, aucun missionnaire n'était venu parmi nous ! Nous savons maintenant pourquoi Betsy était si triste et ne se réjouissait pas comme les autres femmes.

Ainsi, ils le réprimandèrent fidèlement et exprimèrent leur tristesse face à sa conduite sans cœur.

Pauvre Robert, je dus bientôt le plaindre. Premièrement, bien sûr, j'étais un peu inquiet de la manière dont un Indien fougueux, autrefois fier d'esprit, réagirait à la mise en accusation de sa femme concernant ses méfaits et son égoïsme, ainsi qu'aux réprimandes de ses frères. Cependant, tout s'est bien passé. Robert enfouit simplement son visage bronzé dans ses mains et reçut le tout en silence. Quand j'ai pensé que c'était allé assez loin et que j'ai décidé dans mon esprit de ne pas l'interroger sur-le-champ, j'ai demandé qu'on cesse de parler et je suis allé ouvrir la porte de l'église.

Aussitôt Robert se leva et quitta l'église.

Il n'avait dit un mot à personne.

Betsy, semblable à une épouse, souhaita le suivre immédiatement, mais Mme Young la persuada de ne pas y aller pendant un petit moment. Elle emmena la pauvre créature effrayée dans la maison de la mission, lui donna une tasse de thé et quelque chose à manger, et ce qu'elle appréciait le plus, quelques mots d'amour et de sympathie. Lorsqu'elle rentra chez elle, elle constata que Robert était absent. Les enfants dirent qu'il était entré et qu'après leur avoir adressé quelques paroles aimables, il avait pris son fusil et ses munitions et était parti chasser. Il ne revint que le lendemain, mais il avait avec lui un beau cerf. Il l'écorcha lui-même et, prenant les deux membres postérieurs, se rendit comme d'habitude au fort et les troqua contre de la farine, du thé et du sucre. De retour à sa tente, il remit ces choses à sa femme et lui demanda de les cuisiner comme d'habitude. Une fois que tout avait été préparé, il les avait tous placés devant sa femme, ses filles et ses fils. Puis, leur disant de profiter du repas, il quitta la tente. Prenant un filet, il sortit sur le lac en canot, et après quelque temps passé à pêcher, on le vit cuisiner et manger ses prises sur le rivage.

Il vécut ainsi pendant des semaines. C'était un bon chasseur et il travaillait avec beaucoup d'assiduité et avec succès. Tout le gibier pris, il l'apportait à sa femme et à ses enfants, dont il insistait pour qu'ils se régalent, tandis qu'il se limitait à un régime de poisson ; bien que ceux pêchés à cette époque-là fussent loin d'être les meilleurs.

Un samedi soir, alors que nous nous trouvions devant notre maison de mission, profitant des splendeurs d'un magnifique coucher de soleil, nous avons vu Robert remonter le sentier. Alors qu'il s'approchait, je l'ai abordé gentiment, mais il était facile de voir qu'il avait des ennuis et qu'il avait « quelque chose en tête ». Nous avons discuté de diverses choses et je l'ai encouragé à s'exprimer librement. Dans un effort soudain, il se libéra de son sentiment de retenue et dit :

« Missionnaire, me laisserez-vous venir demain au sacrement de la Cène du Seigneur ?

Quatre fois par an, nous avions ce service sacramentel, et c'était un grand événement pour nos chrétiens d'origine. En réponse à sa question, j'ai répondu :

"Pourquoi Robert, qu'est-ce qui me fait vouloir t'empêcher de venir à la table du Seigneur ?"

En me regardant sérieusement, il dit :

« Il y a une bonne affaire. Pensez simplement à la façon dont j'ai traité ma femme et mes filles !

«Oui», dis-je, «je m'en souviens; mais je sais aussi comment vous les avez traités ces dernières semaines.

Avec un visage dont les ombres s'étaient désormais enfuies, il dit vivement :

"Avez-vous entendu quoi que ce soit à propos de ça?"

"Oh oui, Robert," répondis-je, "je sais tout cela. J'ai de bons yeux et de bonnes oreilles, et j'ai vu et entendu avec quelle noblesse vous vous êtes racheté. J'en suis très content. Bien sûr, je vous accueillerai à la table du Seigneur.

Après une petite conversation supplémentaire, j'ai dit :

« Dis-moi, Robert, pourquoi as-tu agi de manière si égoïste envers ta femme et tes filles ? »

Il vient de prononcer avec emphase le mot indien qui signifie : « Stupidité », puis, après une petite pause, il ajoute doucement : » "Mais je pense que je m'en suis remis."

Et c'est ce qu'il avait fait.

Chapitre quatorze.

Cinq Indiens et un Jack-Knife.

Les garçons indiens adorent les couteaux de poche. Comme ils doivent fabriquer eux-mêmes leurs arcs et leurs flèches, les pagaies de leurs canoës en bouleau, ainsi que les cadres de leurs raquettes à neige, un bon couteau est bien sûr un bien précieux. En taillant, les jeunes Indiens ne repoussent pas le couteau, mais le tirent toujours vers eux. Ils sont très habiles dans la fabrication du peu d'objets dont ils ont besoin et sont encouragés par leurs pères à faire leur travail aussi proprement que possible. Ainsi, plus le couteau est bon, meilleur est le travail que ces jeunes Indiens peuvent accomplir, et ils ont l'ambition de posséder le meilleur couteau qu'il leur soit possible d'obtenir ; tout comme les Indiens plus âgés donneront n'importe quel prix selon leurs moyens pour les meilleures armes fabriquées. Connaissant cet amour pour un bon couteau, je l'ai utilisé une fois parmi beaucoup de jeunes Indiens, comme incitation pour les encourager à chanter : comme notre histoire l'expliquera.

Dans l'un de nos villages indiens, où existe une mission florissante avec ses écoles de jour et du dimanche, une enseignante dévouée m'a dit lors d'une récente visite :

«J'aimerais que vous fassiez quelque chose pour encourager nos garçons à chanter. Ils ont de belles voix, mais ils semblent avoir peur de les utiliser. Si j'arrive à en faire chanter un, les autres se moquent de lui, et alors il n'y a plus de chant ce jour-là.

J'ai volontiers promis de faire ce que je pouvais ; mais avant de décrire le plan adopté, je ferais peut-être mieux de donner une description de ces Indiens parmi lesquels vivait cette courageuse jeune dame. Leurs terrains de chasse se situent dans la vaste région qui s'étend entre le lac Winnipeg et la baie d'Hudson. Ils s'appellent les Saulteaux et constituent une subdivision de la grande famille Algonquine.

Jusqu'à tout récemment, ils vivaient exclusivement de chasse et de pêche. Ils étaient si ignorants, même de l'existence du pain, que lorsque les premiers missionnaires, qui traduisirent dans leur langue la prière du Seigneur, vinrent à la pétition : « Donnez-nous aujourd'hui notre pain quotidien », pour le leur faire comprendre, ils J'ai dû le traduire par « Donnez-nous aujourd'hui quelque chose pour nous garder en vie ».

Ils étaient et sont toujours très pauvres. Autrefois, les forêts regorgeaient de gibier et les animaux à fourrure les plus riches, tels que les renards noirs et argentés, les loutres, les castors, les visons, les martres et les hermines, étaient capturés en grand nombre ; mais des chasses incessantes ont presque anéanti quelques-uns de ces animaux, et d'autres sont très difficiles à trouver. Les lacs regorgeaient autrefois de poissons ; mais l'augmentation rapide de la population blanche dans les États du nord-ouest et au Manitoba a tellement multiplié les demandes, qu'on ne pêche plus aujourd'hui un quart de moins de poissons qu'autrefois.

Le résultat est que les pauvres Indiens qui ne dépendaient que de ces choses ne sont plus aussi bien lotis qu'ils l'étaient autrefois, même avec le peu d'aide qu'ils reçoivent du gouvernement. C'est donc le devoir impératif des missionnaires, non seulement de les christianiser, mais de faire tout ce qu'ils peuvent, en harmonie avec les fonctionnaires du gouvernement, pour les encourager à élever du bétail, à cultiver les terres disponibles et à faire pousser ces récoltes robustes. qui arrivera à maturité dans une région nordique si froide.

C'était l'endroit idéal ; et c'étaient les Indiens dont le professeur dévoué souhaitait que j'encourage les garçons à chanter. La demande a été faite lors de la célébration d'une fête que je leur donnais. J'avais retiré de la civilisation des choses telles que la farine, le thé, le sucre, les groseilles, les bonbons ; et à quatre heures du matin, les femmes indiennes étaient arrivées à l'endroit désigné et avaient préparé les gâteaux, etc., et effectué toutes les autres préparations nécessaires.

Vers dix heures, le peuple s'est rassemblé au bord de la rivière, devant l'église. Tout le monde est venu. Tous étaient les bienvenus. Il n'était pas demandé s'ils étaient chrétiens ou païens. Nous les avons tous accueillis cordialement et les avons traités de la même manière.

Nous n'avons pas de place ici pour parler des heureux incidents de la fête, des heures joyeuses de conversation amoureuse et des services religieux tenus après. Il suffit de dire que vers seize heures est arrivée l'heure des enfants et avec eux nous avons passé un moment très intéressant. J'ai été ravi de leurs réponses à mes nombreuses questions, notamment de leur connaissance du Livre béni. Les filles chantaient très doucement, mais les garçons ne produisaient pas beaucoup de musique et j'ai donc immédiatement commencé à répondre à la demande du professeur.

Connaissant, comme je l'ai dit, l'amour des garçons pour les couteaux de poche, je me dirigeai vers une de mes boîtes, et en sortant six très bons, je me levai devant la foule et dis :

« Les garçons, écoutez-moi. Je vais donner ces six couteaux aux six garçons qui chanteront le mieux. Et regarde! Alors que cinq d'entre eux sont de bons couteaux à deux lames, l'un d'eux est un splendide à quatre lames ! Maintenant, je vais offrir ce meilleur, au garçon qui chantera le mieux de tous !

L'excitation était vraiment grande parmi les jeunes Indiens. Presque tous les garçons présents dans le public se sont précipités devant et le procès a commencé. Les Indiens à l'état sauvage n'ont pas de musique digne d'être préservée, c'est pourquoi, dans toutes nos missions, nos hymnes et nos chants sont traduits et les airs de la civilisation sont utilisés. L'institutrice s'assit devant le petit orgue et les tests commencèrent. Ils ont chanté des hymnes tels que « Rocher des siècles », « Viens, source de toute bénédiction », « Tout comme je suis », « Jésus mon tout, au ciel est parti », et bien d'autres.

Les chanteurs inférieurs furent très rapidement éliminés et renvoyés à leur place. Lorsque le nombre fut réduit à une dizaine, le travail de sélection se fit plus lentement ; mais finalement ce nombre fut réduit à six. La question était maintenant : lequel de ces six devait recevoir le couteau à quatre lames ? Cela n'a pas été facile à régler. Les membres du comité différaient très nettement ; ainsi, les garçons furent jugés les uns après les autres, encore et encore, sans qu'une décision unanime ne puisse être atteinte.

Pendant que le comité discutait de la question, cinq des garçons, voyant notre perplexité, nous ont retiré l'affaire et l'ont réglée d'une manière qui nous a tous surpris et ravis. Ces cinq-là étaient de beaux spécimens de jeunes Indiens. Ils étaient souples et forts, pleins de vie et de plaisir. Le sixième garçon, Jimmie Jakoos, était infirme et avait une jambe beaucoup plus courte que l'autre : il devait donc utiliser des béquilles. Ces cinq-là s'étaient mis sur le côté et on les observait engagés dans une conversation avec enthousiasme, quoique tranquillement.

Après leur brève discussion, l'un d'eux se leva et me demanda :

« Missionnaire, puis-je dire quelque chose ?

"Certainement," répondis-je.

« Eh bien, missionnaire, répondit-il, nous cinq, nous en avons discuté, et voici ce que nous en pensons. Vous voyez, nous allons bien et forts. Nous pouvons chasser le lapin, la perdrix et d'autres gibiers ; et puis quand l'hiver arrive, on peut patiner sur les rivières et sur le lac ; mais Jimmie est boiteux, il a une mauvaise jambe. Il ne peut pas courir dans les bois. Il ne peut pas aller patiner sur la glace. Mais Jimmie aime tailler. Il est doué pour fabriquer des arcs, des flèches, des pagaies et d'autres choses, et un bon couteau lui conviendrait parfaitement. Nous avons donc discuté de la question, nous cinq, et comme il est infirme, nous serions très heureux si vous vouliez donner le meilleur couteau à Jimmie.

Nobles garçons ! Comme les gens étaient enthousiasmés par ce discours. Cela m'a électrisé et a rempli non seulement mes yeux de larmes, mais aussi mon cœur de joie.

Je ne pouvais que penser au passé, à la cruauté et à l'égoïsme intense de ces jours sombres, où, parmi les jeunes et les vieux, chacun était pour soi, et les malheureux et les faibles étaient négligés et méprisés. Maintenant, grâce aux influences bénies et ennoblissantes du christianisme, même les garçons captaient cet esprit Christique et agissaient spontanément de cette manière délicieuse.

Ainsi, Jimmie reçut le couteau à quatre lames et les autres garçons reçurent ceux à deux lames ; mais j'étais si heureux du bel esprit dont ils faisaient preuve que j'ai ajouté au cadeau une bonne chemise ou une bonne veste au choix de chaque garçon.

Chapitre quinze.

La chefferie des Saulteaux; ou, Un chercheur après la vérité.

C'était une femme de grande taille, et lorsqu'elle entra dans notre mission, sa conduite était si différente de celle de la femme indienne ordinaire, que j'avais quelque préjugé contre elle. En général, les femmes indiennes, lorsqu'elles entrent dans une maison, sont calmes, modestes et discrètes dans leurs mouvements ; mais voici qu'est arrivée une grande femme qui nous regardait avec des regards scrutateurs et qui avait des manières si décidées que je me suis senti troublé par sa présence et j'ai bientôt quitté la maison pour quelques heures dans les bois où se trouvaient certains de mes hommes indiens. travail.

Quand je suis revenu, c'était avec l'espoir qu'elle avait terminé sa visite et qu'elle se retirait. Mais non, elle était là ; et il était évident qu'elle était venue pour rester. Lorsque ma bonne épouse vit mon apparent mécontentement face à ce nouveau visiteur, elle m'appela à l'écart et me dit :

« Vous ne devez pas être ennuyé par cette femme. C'est une chefferie et la fille d'un chef. Son mari était chef et, à sa mort, elle, à la demande de son peuple, a pris son poste et l'a conservé depuis.

Elle avait entendu dire par des chasseurs de fourrures que nous étions venus vivre au pays des Saulteaux. Elle avait également entendu parler du merveilleux livre que nous avions, qui était la parole du Grand Esprit ; et cela aussi avait excité sa curiosité. Elle avait écouté ces rumeurs avec incrédulité et n'y croyait pas ; mais à mesure qu'elles augmentaient, sa curiosité était si excitée, qu'elle résolut enfin de découvrir par elle-même si ces choses étaient vraies, et qu'elle avait en fait fait plusieurs jours de voyage pour enquêter par elle-même. La voilà, bien installée dans notre petite maison, et, au début, j'avais beaucoup de préjugés contre elle à cause de son attitude résolue et emphatique.

Je me suis assis à côté d'elle et je lui ai demandé de me raconter son histoire. C'était en effet une femme intelligente et pleine d'anxiété de savoir si ce qu'elle avait entendu était vrai. Elle était une chercheuse anxieuse de la vérité, littéralement insatiable dans sa curiosité et dans son désir d'apprendre tout ce qu'elle pouvait. Elle pouvait parler matin, midi et soir et occupait l'un de nous à répondre à ses questions tout le temps où elle ne dormait pas ou ne mangeait pas.

Elle resta avec nous environ deux semaines, puis retourna auprès des siens ; en attendant, j'assiste à chaque service religieux et je reçois de nombreuses leçons sur la vérité divine. Le plan simple du salut lui a été expliqué et on lui a appris à prier.

Avant qu'elle ne parte, je lui ai dit : Maintenant tu rentres chez toi et je veux te dire quelque chose. Vous devez essayer de vous rappeler ce que nous avons dit à propos du Père aimant et de son Fils bien-aimé. Vous devez essayer de le prier chaque jour, et vous devez essayer de l'aimer et de respecter tous ses commandements.

« Maintenant, l'un de ces commandements est : « Souvenez-vous du jour du sabbat pour le sanctifier. » Les chrétiens observent un jour sur sept, et vous dites que votre peuple désire être chrétien ; et je te crois. Nous voulons que vous soyez chrétien en tout, et nous voulons donc que vous vous souveniez de cela parmi les autres commandements. Pour vous aider dans cette affaire, je vais vous donner cette grande feuille de papier et un crayon, et vous noterez chaque jour au fur et à mesure qu'il passe.

Alors, en la commençant lundi, je lui ai montré comment marquer les jours de cette façon : — 111111. « Ces six jours sont *vos* jours pour chasser, pêcher et vous occuper de toutes vos fonctions de chef. Occupez-vous de toutes vos affaires pendant ces six jours ; puis, quand le septième jour viendra, faites une grande marque de cette façon :

« Cette marque est pour le jour de Dieu. Laissez votre fusil et votre filet ce jour-là, et n'allez ni chasser ni pêcher : c'est le jour du repos et du culte. Faites tous les préparatifs la veille. Veillez à ce que vous ayez beaucoup de nourriture capturée et du bois coupé, afin que lorsque le jour de Dieu viendra, vous n'ayez pas à travailler, ni à chasser, ni à pêcher. Ce jour-là, pensez beaucoup au Grand Esprit et priez beaucoup votre père aimant qui vous voit et vous entend tout le temps et qui est très heureux si nous observons sa journée et l'adorons à ce moment-là.

Avant de partir, elle m'a supplié sincèrement de venir lui rendre visite, elle et sa tribu, de leur prêcher et de leur expliquer le chemin du Grand Livre. Mes engagements étaient très nombreux mais voyant que je pouvais me rassembler pour une visite, je dis :

"Quand la lune de l'aigle se remplira, écoutez la sonnerie des cloches du traîneau du missionnaire, car alors il viendra vous voir, vous et votre peuple, avec son train de chiens et son guide."

Mon programme d'engagements était si vaste qu'il me fallut environ six mois avant de pouvoir faire la visite promise. Ainsi, lorsque la lune de l'aigle est arrivée, c'est-à-dire en février, j'ai attelé mes chiens et, accompagné d'un de mes guides expérimentés et de deux conducteurs de chiens, je suis parti pour le pays lointain d'Ookemasis.

Nous avons fait environ deux semaines de voyage. Ce fut l'une des plus dangereuses et des plus pénibles que j'ai jamais entreprises. Nous devions souvent nous déplacer sur les étroites corniches de glace qui surplombaient les eaux rapides du grand fleuve. Parfois, nos traîneaux à chiens tournoyaient sur la glace et nous manquions de tomber dans les eaux sombres et froides. Cela était d'autant plus dangereux qu'une grande partie du voyage devait être effectuée de nuit, car les rayons éblouissants du soleil pendant la journée nous rendaient si vulnérables à la terrible cécité des neiges, qui est une maladie si douloureuse. Cependant, nous avons persévéré, et de jour lorsque cela était possible, et de nuit lorsque nous ne pouvions pas faire mieux, nous avons continué et avons finalement atteint notre destination.

Les six derniers milles du voyage s'étendaient à travers un lac gelé sur la rive opposée duquel se trouvait le village de la chefferie. Alors qu'ils n'étaient qu'à mi-chemin du lac, les yeux perçants de ceux qui étaient aux aguets détectèrent notre arrivée, après quoi une grande agitation régna dans le village. Jamais, semblait-il, il n'y avait eu de femme plus heureuse qu'Ookemasis. Elle nous a reçu avec un merveilleux accueil et nous a exprimé de manière emphatique sa gratitude et sa joie. Déjà à notre arrivée, la fête de bienvenue se préparait. Lorsqu'elle fut sûre que c'était le missionnaire, elle avait décroché d'un décor quelques têtes de rennes et, après avoir roussis les poils et les avait coupés en gros morceaux, les avait mises à bouillir dans une grande marmite.

Après l'accueil chaleureux, nous avons été escortés jusqu'à une grande tente pour attendre que le dîner soit prêt. Comme elle n'avait pas de thé, je lui en ai donné une quantité pour son plus grand plaisir. Elle était si excitée qu'elle courait sans cesse vers la tente pour me dire combien sa joie était grande, qu'enfin l'homme et le Livre fussent parvenus chez son peuple. Lorsque le dîner fut prêt, elle m'accompagna, moi et mes serviteurs. Un endroit avait été nettoyé, au centre duquel, sur un grand plat, se trouvait un gros tas de morceaux de têtes de rennes. Autour se trouvaient un certain nombre de tasses en fer blanc remplies de thé chaud et fort. Ses invitations étaient limitées au nombre de tasses en fer blanc qu'elle pouvait rassembler. Elle me plaça à sa gauche, et son chef ensuite en autorité, à sa droite. Mon guide et mes chauffeurs de chiens étaient à côté de moi sur ma gauche, et le cercle était complété par d'autres hommes indiens. Elle était la seule femme du cercle, dès que nous fûmes assis par terre, quelques hommes s'emparèrent aussitôt d'un morceau de viande, et dégainant leurs couteaux de chasse, allèrent commencer leur dîner :

«Arrêtez», dis-je. «Attendez une minute. Vous allez tous être chrétiens, et une chose que font les chrétiens est de demander une bénédiction sur leur nourriture. Le Grand Esprit nous donne toutes les bonnes choses et nous devons l'en remercier. Alors maintenant, ferme les yeux, et je demanderai la bénédiction.

Tous les yeux étaient fermés alors que je demandais une bénédiction en plusieurs phrases. Quand j'ai eu fini, j'ai dit « Amen » et bien sûr j'ai ouvert les yeux. À mon grand étonnement et à mon amusement, tous les yeux, à l'exception de ceux de mes propres serviteurs indiens, étaient toujours fermés. «Ouvrez les yeux», dis-je. « Amen, cela veut dire : *ouvrez les yeux* . Cela a d'autres significations, mais cela suffira ici.

Ensuite nous sommes allés à nos dîners. Il n'y avait ni assiettes ni fourchettes, seulement nos couteaux de chasse. Chacun, y compris le missionnaire, prit dans sa main gauche un morceau de viande bien cuite et commença à découper son dîner avec son couteau. Mon amie, la chefferie, avait de grandes mains fortes et peu propres. Mais cela ne lui importait pas. Elle attrapa un gros morceau de viande juteuse, dans lequel sa main faillit s'enfoncer, et coupa et arracha les morceaux savoureux avec grand plaisir. Puis elle le jeta par terre et but une bonne gorgée de thé ; puis, s'emparant de la viande, il la déchira de nouveau avec une grande satisfaction. Tout à coup, elle le laissa retomber par terre, et, plongeant sa main grasse dans le sein de sa robe, dit :

"Ô missionnaire, je veux que tu voies comment j'ai essayé de tenir un registre de la journée de prière." Elle tira donc du sein de sa robe un papier sale et gras, que je ne reconnus pas d'abord comme le grand drap propre que je lui avais donné.

« Tiens, regarde, dit-elle, vois comment j'ai essayé de tenir un registre de la journée de prière ! »

Avec beaucoup d'intérêt, je l'ai examiné et j'ai constaté que pendant tous ces six mois, elle avait fidèlement tenu le registre. C'était là ; le bon jour pendant toute cette longue période. Puis elle m'a raconté toutes ses expériences. Elle racontait que certains jours, alors qu'elle était dans son wigwam, essayant de penser au Grand Esprit et à Son Fils, et qu'elle essayait de Le prier, un garçon se précipitait et disait :

"Ookemasis, il y a un gros renne dans le ravin, je suis sûr que tu peux l'abattre."

«Mais je dirais: 'Non. C'est le jour de prière et je ne peux ni pêcher ni tirer ce jour-là. Je ne suis donc jamais allé chasser ou pêcher le jour de la prière. J'essaie simplement de penser au Grand Esprit, mon Père, de prier, de lui parler et de le laisser me parler.

Bien sûr, je lui ai adressé des paroles aimables et encourageantes, et elle était vraiment très heureuse de les entendre.

Puis elle reposa le papier sale, et, descendant jusqu'au sol, reprit son gros morceau de viande. En regardant le mien, un morceau osseux que j'avais choisi parce que je pouvais le tenir un peu plus facilement pendant que je le sculptais, elle s'écria :

"Votre morceau de viande est très mauvais, le mien est un très bon morceau",
et avant que je puisse comprendre de quoi elle parlait, elle a échangé les
morceaux. Bien sûr, je ne pouvais rien faire d'autre que l'accepter, avec
remerciements. Je devais approuver le motif, même si je n'applaudis pas
l'acte. C'était un acte de gentillesse pour lequel nous ne sommes pas tous
instruits.

Après le dîner, nous avons eu un service religieux qui a duré jusqu'à l'heure
du dîner. Puis, après un bon souper de poisson, nous fîmes un autre service,
qui dura jusqu'à minuit. Puis elle m'a confié la garde d'un de ses Indiens qui
possédait un grand wigwam. Avec lui, mes Indiens et moi avons passé la nuit.
Nous n'étions que vingt-deux à dormir autour du feu au centre.

Je suis resté avec eux pendant plusieurs jours, et depuis lors, ils ont tous
abandonné le paganisme et sont devenus de bons chrétiens sérieux.

Chapitre seize.

Gros Tom.

Son nom complet était Mamanowatum, ce qui signifie « Ô sois joyeux ». C'était un homme grand, presque gigantesque, et généralement lent dans ses mouvements, sauf sur la piste. Lorsqu'il se levait pour s'adresser à une assemblée, soit en conseil, soit à l'église, il se levait de quelques centimètres et semblait se reposer entre les deux. Mais quand il se leva et commença à parler, il avait quelque chose à dire qui méritait d'être écouté.

Nous l'avons rencontré pour la première fois en 1868. Il était le guide et le timonier du bateau intérieur de la Baie d'Hudson, dans lequel ma femme et moi voyageions de Fort Garry, sur la rivière Rouge du Nord, à Norwegian House, située sur le lac Playgreen, au-delà de l'extrémité nord du lac Winnipeg.

À cette époque, Big Tom, comme tout le monde l'appelait, était un chrétien fervent depuis plusieurs années. Des missionnaires antérieurs nous avaient précédés, et parmi les convertis indiens se trouvait cet homme pieux, sur lequel il est agréable d'écrire. Nous l'avons tous les deux adopté en même temps. C'était l'un des nobles de la nature. Tout en étant satisfaits de ses manières aimables et attentionnées, nous avons admiré l'habileté et l'habileté avec lesquelles il dirigeait le petit bateau sur un lac aussi orageux.

Le voyage long et dangereux durait environ quatre cents milles et nous occupa environ quatorze jours. Big Tom dirigeait notre bateau avec une longue rame qui lui servait de gouvernail. La principale force propulsive de ces bateaux est constituée par les longues et fortes rames, manœuvrées par les équipages indiens. Nous avions dans notre bateau huit bons rameurs, et la vigueur et l'endurance de ces hommes étaient un sujet d'admiration constante. Lorsque les vents contraires prévalaient ou que nous étions au milieu du calme, heure après heure, ces hommes fidèles peinaient à leurs rames, avec autant de diligence que jamais n'importe quel galérien. Une brise favorable, même si elle se transformait en un vent dangereux, était toujours la bienvenue, car elle permettait aux hommes de se reposer de leur travail servile.

Dès que le vent était favorable, le cri joyeux de :

« Meyoo-nootin » (Bon vent) du guide, ou, comme c'était le cri de ce voyage, « Souway-nas » (Vent du sud) - réjouissait tous les cœurs. Il y eut aussitôt une grande activité. Les rames furent remontées et le mât, qui avait été amarré sur le côté du bateau, fut rapidement mis en place. Les cordages furent rapidement disposés, la grande voile carrée fut hissée et nous filâmes devant la brise favorable.

Avec le lever du vent, de grandes vagues arrivaient généralement ; et la direction la plus prudente de la part de Big Tom était nécessaire pour empêcher notre bateau lourdement chargé de plonger sa proue dans des vagues couvertes d'écume. Ce fut un plaisir d'observer les soins attentifs de ce timonier prudent, ainsi que de voir la force et la rapidité avec lesquelles il dirigeait notre petit bateau lorsque de grandes vagues semblaient sur le point de nous envahir. Ses manières courtoises gagnaient notre respect, tandis que ses capacités de timonier commandaient notre admiration.

Il a fait tout ce qu'il pouvait pour rendre notre voyage, qui présentait de nombreux inconvénients, aussi confortable et agréable que possible. Ce n'était pas très confortable d'avoir à bord un bœuf en grande difficulté, tout près de l'endroit où nous devions nous asseoir. Parfois, pendant que le bateau était ballotté par les vagues, sa tête était sur un côté de la petite embarcation ; et peu de temps après, sa queue était de l'autre côté.

Chaque nuit où nous campions sur le rivage. Big Tom rassemblait des bottes d'herbe odorante, dont il donnait une partie au bœuf comme nourriture, et avec le reste, il s'efforçait de rendre notre environnement plus confortable et plus accueillant. Il regrettait, peut-être autant que nous, d'avoir dû voyager si longtemps avec ce grand bœuf si près de nous ; et pourtant, avant que nous atteignions la fin de notre voyage, il semblait presque certain que ce que nous avions considéré comme une nuisance totale avait été notre salut. Une nuit, dans notre hâte de continuer, les Indiens décidèrent de ne pas débarquer et camper, mais de naviguer toute la nuit car le vent était favorable. Au petit matin, le vent s'est élevé presque jusqu'à devenir un coup de vent, tandis que des nuages sombres obscurcissaient presque toutes les étoiles. Big Tom, héros qu'il était, resta fidèle à son poste et, noblement aidé par ses Indiens expérimentés, sous voiles aux ris serrés, fonça rapidement dans l'obscurité. Le missionnaire et sa femme dormaient dans leur lit de camp étendu aux pieds du timonier ; et juste au-delà de nous, couché à nos pieds, se trouvait le grand bœuf. Soudain, le bateau fut renversé et s'arrêta. Pendant un certain temps, il y eut une grande excitation, et les cris d'ordres des Indiens, habituellement silencieux, égalaient à peu près la rage de la tempête.

Avec une grande présence d'esprit. Big Tom a immédiatement abaissé la voile, nous épargnant ainsi un bouleversement complet. Il s'est avéré que nous avions couru sur le côté incliné d'un rocher granitique lisse et submergé. Heureusement pour nous, notre bateau était bien lesté par sa cargaison, et que l'objet le plus lourd était le bœuf. L'opinion unanime des Indiens était que son grand poids nous évitait de chavirer. Grâce à une gestion prudente, le bateau a été libéré de sa position périlleuse indemne et le voyage aventureux a repris.

Après cette aventure passionnante. Big Tom a décidé qu'il ne devait plus y avoir de voyages de nuit. Ainsi, depuis le petit matin jusqu'à tard dans la nuit, nous nous hâtâmes, campant chaque soir dans un endroit favorable du rivage.

Le feu de camp, généreusement approvisionné en combustible provenant des grandes forêts si proches, illuminait les traits basanés de nos vaillants hommes, dont les uns étaient occupés à préparer le repas du soir, tandis que d'autres, en groupes pittoresques, étaient occupés à d'autres occupations. Ce copieux repas du soir a été apprécié de tous.

Peu de temps après, nous nous sommes tous réunis pour nos dévotions du soir. Quelques bûches supplémentaires jetées sur notre feu de camp l'égayèrent tellement que tous ceux qui le souhaitaient purent facilement suivre la lecture de la leçon dans leur propre testament et utiliser leurs propres livres de cantiques au service du chant. Les souvenirs de certains de ces services religieux sont très précieux. On entend encore la voix profonde et riche de Big Tom lire dans sa langue musicale crie :

"Weya Muneto a ispeeche saketapun uske, ke niakew oo pauko-Koosisana, piko una tapwatowayitche numaweya oo ga nissewunatissety, maka oo ga ayaty kakeka pimatissewin." Quelle est la traduction de ce verset incomparable, le seizième du chapitre troisième de l'Évangile de saint Jean.

Puis, après la lecture du chapitre, un hymne approprié était chanté. Les Indiens n'ont que peu de musique qui leur est propre et moins de poésie qui puisse être mise à la disposition du culte religieux. Le résultat est que les missionnaires et les enseignants ont déjà traduit plus de quatre cents de nos hymnes les plus choisis dans la langue indienne et utilisent avec eux les airs auxquels ils ont été généralement associés. À l'occasion dont nous parlons, il nous a semblé doux et approprié de chanter, même dans une autre langue, l'hymne préféré du soir :

> « Gloire à toi mon Dieu cette nuit,
> Pour toutes les bénédictions de la lumière ; garde-moi, ô
> garde-moi Roi des rois, Sous tes ailes toutes-puissantes. »

Lorsque notre hymne du soir eut été chanté, nous nous agenouillions avec révérence sur les rochers, tandis que Big Tom, ou un autre Indien pieux, nous conduisait en prière, suivi d'un ou deux autres. Puis le doux repos fut pour nous, jusqu'à l'aube matinale. Un appel aigu, auquel tous répondirent promptement, fut suivi d'un petit-déjeuner précipité et de prières sincères, puis le voyage reprit.

Deux sabbats ont été consacrés à ce voyage. Pour nos Indiens chrétiens, le sabbat était en effet une bénédiction très prisée. En l'utilisant dans les Écritures comme un jour de repos et de culte religieux, et non comme un jour de dissipation, ils étaient physiquement et spirituellement revigorés ; et donc capable de faire un bien meilleur travail. Nous avons eu, en plus des prières du matin et du soir, deux délicieux services religieux en langue indienne et anglaise. Les intervalles étaient consacrés à la lecture du Livre et à quelques services de chants doux.

Au fil des années, avec leurs tâches variées, nous avons toujours trouvé en Big Tom, un assistant des plus appréciés et de confiance. Sa vie noble et cohérente a fait de lui une bénédiction, tant pour les Blancs que pour les Indiens. Si des différends surgissaient et qu'un arbitrage était nécessaire, c'était Big Tom qui était le premier considéré comme un arbitre ; et nous ne nous souvenons pas d'un cas où sa décision ait été rejetée.

Il était un grand chasseur à son époque, et de nombreuses histoires circulaient sur ses compétences et ses prouesses. Pendant des années, il a détenu le record du meilleur chasseur d'orignal du village. L'orignal, bien que le plus grand de la tribu des cerfs et son apparence disgracieuse, peuvent se déplacer à travers la forêt avec une grande rapidité. Il ne galope jamais comme les autres cerfs, mais se balance au trot, à un rythme et avec une endurance qui laisseraient bientôt derrière lui le cheval le plus rapide. Sa tête est chargée de grandes cornes larges, de dimensions et d'un poids énormes, et pourtant, parmi les arbres denses, il peut, lorsqu'il est alarmé, se déplacer si rapidement, que le chasseur le plus rapide est bientôt laissé loin en arrière. Sa vue n'est pas égale à celle de certaines autres espèces de cerfs ; mais la nature lui a donné les pouvoirs les plus aigus de l'ouïe et de l'odorat. De Big Tom et d'autres, nous avons entendu dire que même lorsqu'une violente tempête de novembre faisait rage dans les bois, avec des arbres se balançant d'avant en arrière et des branches s'écrasant les unes contre les autres et se brisant sous la tempête, si le chasseur imprudent, des centaines de À quelques mètres de là, il a marché sur une petite brindille sèche qui s'est cassée sous son pied, l'orignal a immédiatement détecté le son et s'est envolé comme une flèche, ne s'arrêtant jamais sur plusieurs kilomètres.

Nous n'avons rien d'autre à signaler à l'heure actuelle sur l'habileté de Big Tom en tant que chasseur ; mais ici nous souhaitons rapporter un exemple de son abnégation, qui révèle magnifiquement le caractère désintéressé de l'homme et montre quelle était l'ambition de son cœur.

Depuis de nombreuses générations, ces Indiens d'Amérique ont été divisés en tribus. Leurs langues sont nombreuses et diverses ; mais nombre de leurs coutumes et méthodes de gouvernement sont similaires. Dans toutes les tribus gouvernaient des chefs qui avaient plus ou moins d'autorité. Dans certains cas, cet honneur était héréditaire ; dans d'autres, ce n'est pas le cas ; bien que dans ce dernier cas, le fils du chef, s'il était qualifié, avait les meilleures chances d'être nommé à la place de son père. Lorsque le gouvernement canadien concluait des traités avec les Indiens du grand Nord-

Ouest, il reconnaissait toujours l'autorité des chefs ; et c'est à travers eux que se font encore aujourd'hui toutes les affaires avec les tribus. Quelque temps avant la conclusion du traité avec les Cris du Nord, la fonction de chef était tombée en suspens. Lorsqu'on apprit que le gouvernement était sur le point de conclure un traité avec eux et qu'il souhaitait savoir qui était leur chef, il y eut beaucoup d'excitation. Le gouvernement du Dominion a été très honorable dans son traitement envers les Indiens et dans le respect qu'il a accordé aux chefs de ce peuple naturellement sensible, dont les allocations ont été des médailles d'argent, de beaux vêtements et des gratifications supplémentaires, tant en argent qu'en fournitures. . Bien entendu, les Cris étaient enthousiasmés par la perspective de grands changements politiques. Les conseils étaient fréquents et de nombreuses pipes étaient fumées dans les wigwams et à côté des feux de camp à ce sujet. Divers noms ont été discutés, et des fils et petits-fils ont été proposés, pour ensuite être rejetés les uns après les autres. Big Tom ne s'intéressa que peu à ces débats et assista à peu de conseils. Un jour, à sa grande surprise, alors qu'il travaillait dans son jardin, il fut accueilli par une députation d'Indiens et informé qu'il était nécessaire de toute urgence à la maison du conseil. Ici, en plein conseil, on lui dit qu'il était le choix du peuple et qu'il voulait qu'il soit leur chef, qu'il porte la médaille d'argent avec le visage de la Grande Mère (la Reine) dessus et qu'il soit leur voix. parler au représentant de la reine (le gouverneur), sur toutes les questions liées au bonheur et au bien-être de la tribu.

J'avais été informé de la décision du peuple et j'avais accepté une invitation à être présent au conseil lorsque Big Tom devait être nommé. Autrefois, j'avais assisté à des conventions parmi mes amis blancs et j'y avais observé avec quelle empressement les honneurs politiques et ecclésiastiques offerts étaient acceptés. Mais ici, une surprise nous attendait ; une exception à la règle générale, si merveilleuse qu'elle mérite réflexion.

Lorsque la charge de chef lui fut offerte, le grand homme, qui avait tout l'air d'un chef, au lieu d'accepter immédiatement la position, fut profondément ému et parut absolument incapable de répondre de manière convenable. Il essaya, pensions-nous, d'exprimer ses remerciements pour ce grand honneur ; mais en réalité, il ne fit que demander, en paroles brisées, l'ajournement du conseil jusqu'au lendemain. Bien que déçu par l'ajournement, j'étais heureux à l'idée que Big Tom, pris par surprise, avait estimé qu'il ne pouvait pas prononcer le discours que l'occasion exigeait, et avait donc demandé du temps pour mettre de l'ordre dans ses pensées, lorsqu'il prononcerait son discours. nous un discours digne du grand événement ; car Big Tom était un orateur d'une grande qualité, bien qu'assez lent jusqu'à ce qu'il s'habitue à son sujet.

Lors de la réunion du conseil, nous étions tous là, impatients d'entendre un discours indien sous les meilleurs auspices. C'était un discours calme, éloquent, délicieux ; mais comme c'était différent de ce à quoi on s'attendait. Quelle chance pour un homme ambitieux et en herbe ! Comment aurait-il pu parler de lui-même ; ce qu'il avait fait et ce qu'il allait faire ! Mais dans le discours de Big Tom, il n'y avait rien de tel. Il parlait doucement et modestement, s'échauffant à mesure qu'il avançait. Le seul bref rapport que j'ai de son discours est le suivant, et il ne rend pas justice à l'occasion ni à l'homme :

« Il y a longtemps, lorsque les missionnaires sont venus nous prêcher, nous avons refusé pendant un certain temps de les écouter et nous ne voulions pas devenir chrétiens. Puis, après un certain temps, beaucoup d'entre nous qui avaient été dans l'obscurité ont commencé à sentir dans leur cœur que ce qu'ils nous disaient était pour notre bien ; et c'est pourquoi nous avons accepté ces choses, et elles nous ont fait du bien. Quand j'ai eu l'assurance dans mon cœur que j'étais un enfant de Dieu et que j'avais une âme qui devait vivre éternellement, j'ai découvert qu'en travaillant à ce salut, j'avais quelque chose de grand pour lequel vivre. Faire cela était le grand objectif de ma vie. Peu à peu, je me suis marié, puis, à mesure que ma famille s'agrandissait et commençait à grandir autour de moi, j'ai découvert que j'avais un autre objectif pour vivre : aider ses membres sur le chemin du ciel, ainsi que travailler pour leur vie. réconfort ici.

«Puis, au bout d'un moment, le missionnaire m'a confié la direction d'une classe. Nous devions nous rencontrer et parler ensemble de nos âmes et de l'amour de Dieu pour nous, et faire tout ce que nous pouvions pour nous entraider vers un pays meilleur. Accomplir mon devoir de leader était un travail formidable et important. En m'occupant de ces tâches, j'ai découvert que j'avais un autre objet pour lequel vivre. Ces trois choses : le salut de ma propre âme ; le salut de ma famille ; faire tout ce que je peux pour aider et encourager les membres de ma classe à lui être vrais et fidèles, sont au premier plan dans mon cœur.

« Je vous suis reconnaissant de votre confiance en moi, en me demandant d'être votre chef. Je sais que c'est un grand honneur; mais je vois qu'il aura de nombreuses responsabilités, et que celui qui occupera le poste devra s'occuper de bien d'autres choses que celles sur lesquelles j'ai fixé mon esprit. Vous devez donc nommer quelqu'un d'autre ; car, avec ces trois choses, je ne peux laisser rien d'autre interférer. Je vous remercie, mes frères, et je vous aime tous.

Noble et désintéressé Big Tom ! En l'écoutant parler ainsi, j'étais plus fier de lui que jamais ; et j'ai remercié Dieu pour la conversion de tels hommes du paganisme au christianisme, et pour le développement dans leur cœur et leur vie de si nobles qualités et vertus.